MW00929676

# EL DESAFÍO

## de

# DIOS

Claudio de Castro

Este libro te ayuda a responder
tus preguntas fundamentales:
*¿Qué quiere Dios de mí?*
*¿Para qué estoy en la tierra?*
*¿Tengo una misión?*
*¿Cuál es mi propósito?*

# CONTENIDO

Es hora de cambiar.
De volver la mirada a Dios.
Y vivir para Él. Y por Él.

*"No temas, porque*
*yo te he rescatado,*
*te he llamado por tu nombre,*
*tú eres mío".*

(Isaías 43, 1)

# INTRODUCCIÓN

*"Lo que somos es obra de Dios: hemos sido creados en Cristo Jesús con miras a las buenas obras que Dios dispuso de antemano para que nos ocupáramos en ellas." (Efesios 2, 10)*

Este libro *es un viaje espiritual* que le llevará a descubrir tu propósito en esta tierra. *¿Qué somos? ¿Para qué estamos en este mundo?* Son las preguntas universales que todos nos hacemos en algún momento. Tenemos a diario, en nuestras manos, un gran DESAFÍO. Nuestras vidas no son en vano, tienen valor a los ojos de Dios. También tenemos un "PROPÓSITO", un motivo para existir. Aquí surge la pregunta universal: *"¿Qué quiere Dios de mí?"*

Recuerdo la historia que me contaron de aquél sacerdote que en un momento dudó de su vocación y le expreso al obispo su deseo de abandonar el sacerdocio. El obispo lo escuchó atentamente y le sugirió: "Ve a un retiro espiritual y al terminarlo, regresa a hablar conmigo y me comunicas tu decisión. Mientras, estaré rezando por ti para que la voluntad de Dios se cumpla en tu vida".

El sacerdote obedeció y participó el fin de semana en un retiro espiritual donde se cuestionaba su vida, el desafío de Dios para ser santo y llevar almas al paraíso.

Se encontraba lleno de dudas. *¿Qué hacer?* Terminó el retiro y antes de marcharse caminó un rato, solo, para poder pensar con tranquilidad. Era un mediodía de sol ardiente, hacía un calor sofocante y sudaba mucho. Se detuvo bajo la sombra de un enorme árbol y gritó al viento: ***"¿Qué quieres de mí, Señor?"*** El eco devolvió sus palabras. Miró el paisaje campestre de los alrededores y cuando iba a regresar una brisa suave lo envolvió, era como un pequeño remolino que se formó a su alrededor. Miraba sorprendido aquél fenómeno de la naturaleza y escuchó esta poderosa voz diciéndole: ***"Tú eres mío"***. En ese instante, aún sorprendido, recordó la letra de aquella canción que una vez cantó: *"Sacerdote para siempre quiero ser"* y se llenó de fervor y buen ánimo.

Dios nos reta cada día, nos desafía a ser mejores y seguir el estrecho sendero de la santidad, que nos lleva a ser felices. ¿Aceptas ese desafío? Es para valientes, personas decididas, que están determinadas a ser santos y hacer lo que agrada a Dios.

¿Sabes cuál es el gran desafío del cristiano? **Dar frutos de eternidad.** Mostrar con nuestro ejemplo, que vale la pena seguir a Jesús, vivir nuestra fe.

"Un hombre tenía una higuera que crecía en medio de su viña. Fue a buscar higos, pero no los halló. Dijo entonces al viñador: «Mira, hace tres años que vengo a buscar higos a esta higuera, pero nunca encuentro nada. Córtala. ¿Para qué está consumiendo la tierra inútilmente?» El viñador contestó: «Señor, déjala un año más y mientras tanto cavaré alrededor y le echaré abono. Puede ser que así dé fruto en adelante y, si no, la cortas.»" (Lucas 13, 7 -9)

En este gran desafío para encontrar nuestra misión, el sentido a nuestras vidas, no estamos solos. Dios va a nuestro lado. Nos sustenta, sostiene, anima y orienta, pues:

*"en él vivimos, nos movemos y existimos..."* (Hechos 17, 2)

Él te eligió para una misión. Tu reto es descubrirla y llevarla a cabo.

***〜〜***

# EL DESAFÍO DE DIOS

De joven estaba lleno de inquietudes. La verdad, no sabía cómo resolverlas. Era un poco desordenado y hacía las cosas al azar. Si algo salía bien, perfecto, si no, pues lo olvidaba. No era muy perseverante. Me gustaba leer y escribir.

Soñaba con ser un escritor algún día, pero me parecía un sueño imposible. ¿Yo? ¿Un escritor? Vaya tontería.

Por algún motivo que desconozco, parte de ese espíritu se conservó en mí.

A pesar de mi edad, sigo viendo a ese Claudio joven, alto, flaco, de anteojos, caminando por allí, buscando su identidad, un motivo, el propósito a su vida.

El libro, que tienes en tus manos es muy especial. Lo escribí para ti que estás por vivir unos días muy especiales en tu búsqueda de Dios. Marcarán tu vida y te mostrarán un camino nuevo y diferente, *la belleza del Evangelio.*

Tengo tanto que compartir contigo. Te contaré lo que me habría gustado que alguien me dijera y nunca lo hizo.

**Dios nos hizo libres y yo quiero ser libre.**

Sigo soñando grandes cosas. Sueño con llevar esperanza, cambiar el mundo, hacer lo que Dios nos pide, caminar entre las personas con una sonrisa, inspirar con nuestras palabras y ser mejores cada día. *Nunca, nunca, nunca, debemos dejar de soñar.*

La vida es maravillosa, y vale la pena, a pesar de todas las adversidades que puedas enfrentar. Descubres con los años que TODOS TENEMOS UN PROPÓSITO. A mi edad, sigo buscando, aún quiero gastarla en algo más grande que yo. Todavía sueño con vivir la gran aventura que me llevará a escalar la Montaña de Dios.

Si alguien se me acercara en este momento y me preguntara: *"¿Qué andas haciendo, Claudio?"* Sin dudarlo respondería: ***"Busco a Dios".***

\* \* \*

Hace unos meses, una prima de mi esposa me preguntó: *"¿Cómo puedo saber lo que Dios quiere de mí?"* Todos, en algún momento de nuestras vidas, tenemos esa inquietud y nos preguntamos lo mismo. Nuestra inteligencia humana es limitada. Nunca podremos entender los motivos de Dios. La verdad es que hay muchas cosas que no comprendo y quizás nunca lo haga. Pero ésta era una pregunta que no podía dejar sin respuesta.

Estaba seguro que todos tenemos un PROPÓSITO DE VIDA. Nadie está al azar. Somos frutos del amor de Dios, Así que dediqué muchas horas a investigar y conversar con amigos y sacerdotes. Tuve ratos maravillosos de oración fervorosa. Y me di cuenta que el buen Dios tiene GRANDES PLANES PARA TI. Es un desafío extraordinario, que te lleva al Camino de Dios,

Este libro es el resultado de esa gran búsqueda, toda una aventura. Fue diseñado para reactivar en tu alma los anhelos de santidad y servicio. Espero que te acompañe en medio de tus reflexiones y dudas, te ayude a encontrarte con Dios, y descubras su desafío, la misión que te espera en esta vida.

Al final me di cuenta que lo importante es confiar a pesar que las cosas no parecen tener sentido. Confiar a pesar de todo. *Confiar siempre, en nuestro Padre celestial.*

# ¿QUÉ HACES CON TU VIDA?

Dos veces en mi vida, he reflexionado profundamente, preguntándome qué hago. Recuerdo la primera vez. Me subí a mi auto y sencillamente me fui a conducir por los alrededores de mi trabajo. En un momento frente a la luz roja de un semáforo me pregunté: "¿Qué haces con tu vida Claudio?"

La segunda vez fue hoy hace apenas cinco minutos. Dejé todo lo que hacía y me senté a escribir ahora que tengo frescas las ideas. Dos momentos tan distantes, pero que han marcado mi vida. Han logrado que cambie el rumbo que llevaba.

¿Alguna vez te lo has preguntado? La vida es tan corta que merece una oportunidad. Debes hacer un alto y cambiar muchas cosas. Tú puedes hacerlo. Vale la pena.

Veo a mi alrededor personas que de pronto se están enfermando. Los años les cayeron encima. No esperes que te ocurra a ti. Si hay algo que debes cambiar, este es un buen momento. La vida no espera por nadie. El tiempo pasa muy rápido, créeme, lo sé bien. Acabo de cumplir 62 años.

Siempre pensé que tendría 18. La vida debe tener retos, metas, para hacer de ella algo importante, dar frutos de eternidad. Nuestra meta realmente es el Paraíso, un anhelo inherente al hombre. Quisiera invitarte a escribir en este libro 5 metas o propósitos que deseas cumplir.

Con los años, cuando retomes la lectura de este libro podrás verificar si los cumpliste.

## ANOTA 5 PROPÓSITOS

**1.**

**2**

**3.**

**4.**

**5.**

# EL LLAMADO

*¿Sientes que Dios te llama y no sabes a qué?* Ese llamado es más común de lo que piensas. Dios nos busca a todos para que le sirvamos de alguna manera. Eso es la vocación. Se define como la ***"inspiración que una persona siente procedente de Dios para llevar una forma de vida".*** Sé que lo sabes y lo sientes. Dios te llama.

¿Tu problema? Es el miedo Le temes al llamado de Dios Le temes a equivocarte. Conozco ese miedo.

El buen Dios está muy activo en estos días. De nota. Con todo lo horrible que pasa en el mundo busca personas que ayuden a cambiarlo todo, almas nobles, dispuestas a tomar el riesgo. El ve los corazones no las apariencias, por ello elige bien.

En las redes sociales lees historias sorprendentes de ateos, músicos, científicos, médicos, gente descarriada, que de un día a otro son tocados por la gracia y le dicen "Sí" al llamado de Dios.

Hace unos días me encontraba en una noche de Adoración Eucarística ante Jesús Sacramentado. Me encanta acompañar a Jesús.

Allí me encontré con un joven que tiene algún tiempo rondando, dando vueltas, buscando lo que Dios le pide. Sabe que Dios lo llama, pero ignora el camino. Teme equivocarse de nuevo y ha disipado su entusiasmo.

Conversé largo con él y nos dimos cuenta de algo fundamental: Dios no se cansa de llamar. Y cuando respondes, te llena de gracias para que vayas en pos de Él sin temor, con entusiasmo y la certeza de saberte amado desde una eternidad. ¿Te ocurre también?

Le aseguré que cuando Dios llama no hay forma de esconderse, ni siquiera bajo las piedras. Él te encontrará. De nada te vale esconderte o hacerte el desentendido.

La sierva de Dios, sor María Romero, escribió unas palabras sobrecogedoras sobre esto. Te las comparto, con la esperanza que te hagan reflexionar y pierdas ese temor sin sentido, para hacer lo que Dios espera de ti. *"Cuando Dios ama un alma, cuando pone en ella sus ojos, no hay nadie ni nada, ni en el cielo ni en la tierra, ni en los infiernos, que sea capaz de arrebatársela. Cada vez que alguien intente cerrar la puerta del amor para el alma escogida por Dios, no hará otra cosa que excitar al Altísimo para que lleve a cabo su obra admirable y gloriosa".*

Una vez escuché que Dios nos viene la paz en el alma, la serenidad y la alegría. De esta forma sabemos que Él es quien siembra en nuestros corazones el llamado. El diablo, por el contrario, trata que sembrar en tu alma el miedo, la zozobra y la inseguridad para que no escuches ni sigas la dulce y amable voz de Dios.

Recuerdo cuando empecé este apostolado de la palabra escrita. Era apenas un joven, con poca experiencia y una espiritualidad incipiente, que de poco me servía. Rezaba las oraciones cotidianas sin fervor y desconocía lo que Dios esperaba de mí. Hacía lo básico. Me decían que era un tonto, un ingenuo y hasta irresponsable, que "¿cómo se me ocurría abandonar mi oficio con administrador en una empresa para dedicarme a escribir?". En cierta ocasión mis suegros, muy preocupados por mis ingresos y la familia, me sentaron frente a ellos para preguntarme cuándo iba a tener un "trabajo de verdad".

Yo estaba tranquilo. Sabía de quién me fiaba. Estaba seguro que iba por el camino correcto y que no debía abandonar lo que hacía.

Rendirme no era una opción. Sólo podía seguir adelante, de la mano poderosa y paternal de Dios.

Años atrás había tenido un sueño. Fue una tarde en que me encontraba en cama, enfermo, con una fiebre muy alta. De pronto me quedé dormido. Me vi subiendo por un túnel hasta llegar a su entrada donde un hombre del que se desprendía una luz muy blanca y brillante, me cerró el paso.

No me permitió continuar. No era mi tiempo para cruzar. Lo miré detalladamente. Supe quién era y lo que hacía allí. Me arrodillé.

— ¿Qué quieres de mí? —le pregunté.

— Que hagas el bien —respondió. Y desperté en ese momento, con lágrimas en los ojos.

Ese sueño me causó una gran impresión. Todo lo que se me pedía en él era *"hacer el bien"*.

Te preguntas seguro por qué tienes este libro en tus manos, de dónde surgió ese afán mío de escribir y compartir mis aventuras con Dios, por medio de los libros. Es muy simple. Te contaré. Una mañana soleada de julio se me ocurrió ir a ver a Jesús Sacramentado en el sagrario de la Iglesia de Nuestra Señora de Guadalupe en Calle 50, Panamá.

Aquél sagrario se encontraba en un oratorio pequeño pero muy acogedor que invitaba al silencio y la oración fervorosa. Llegué como a las 10:30 a.m. y me quedé acompañando a Jesús un rato. De pronto recordé una anécdota de la beata, sor María Romero. Cuando era aspirante a religiosa salesiana, la hermana maestra les dejó esta asignación: *"Vayan ante Jesús en el sagrario. Cada una le preguntará: "'Quien soy yo Jesús?" y luego vienen y me traen la respuesta".* Sor María con total ingenuidad, en obediencia, fue al oratorio donde estaba el sagrario. Se arrodilló delante de Jesús Sacramentado y le preguntó: *"¿Quién soy yo para ti?".* Una voz clara y diáfana salió del sagrario aquél, respondiendo: *"Tú eres la predilecta de mi Madre y la consentida de mi Padre".*

No me preguntes por qué, se me ocurrió hacer lo mismo. Preguntar algo similar a Jesús. ¿Por qué? No lo sé. Pero allí, de rodillas, le pregunté: *"¿Qué quieres de mí?"* En ese instante escuché con los oídos del alma una voz diáfana que me respondía: *"Escribe. Deben saber que los amo".*

Quedé de una pieza, sin saber cómo reaccionar. Un amor inmenso me inundaba el alma y empezaba a desbordarse sin que pudiera contenerlo.

Estaba inmóvil mirando a Jesús con un gozo interior inexplicable. Pensé que lo había imaginado, que "no era nada" y le volví a preguntar. La respuesta invariable se repitió: ***"Escribe. Deben saber que los amo"***.

Salí consternado de aquél oratorio. Ni yo mismo me creía lo que acababa de ocurrir. Llegué a la casa, me encerré en mi habitación y oré. *"Si quieres que escriba",* le dije, *"dímelo con claridad, no con voces en mi cabeza. Sólo entonces haré lo que me pides".*

Ingenuo de mí. No sabía en ese momento que mi vida estaba tomando un giro radical. Que Jesús toma para sí lo peor y lo transforma, para que le sirvamos con dignidad. Aquella tarde mi esposa Vida me telefoneó para que fuera a buscarla a un supermercado pues tenía muchos paquetes de comida. Salí conduciendo el auto, olvidando lo que le dije a Jesús. Me estacioné en la parte frontal del supermercado. Al bajarme del auto una señora se detiene en la acera frente a mí.

— ¿Usted es Claudio de Castro?

Asentí con la cabeza.

—Escriba. Dios quiere que usted escriba, ¿Por qué no lo está haciendo?

Puedes imaginar la mirada de sorpresa que tuve. Y recordé mis palabras.

— ¡Santo cielo! —me dije — ¿Qué hice? ¿Cómo se me ocurrió semejante cosa?

Y le respondí:

—Mensaje recibido.

Entré al supermercado y antes de buscar a mi esposa aproveché para comprar algunas galletas importadas en el pasillo de los dulces. Me encantan. De pronto una señora que no conozco se acerca a mí empujando su carretilla llena de comestibles. Se me queda viendo.

— Disculpe. ¿Usted es Claudio de Castro?

Alcancé a pensar:

—Viene de nuevo.

Le sonreí con amabilidad.

—No he leído nada suyo últimamente. ¿Por qué no escribe? Dios desea que lo haga. No pierda más el tiempo. ¡Escriba!

—Mensaje recibido —le respondí.

— ¿Por qué esa respuesta tan extraña? —preguntó sorprendida.

—Ah… Si usted supiera doñita.

Me dirigí hacia una de las cajas registradoras donde mi esposa estaba pagando los alimentos y conversaba amena con una prima suya. Ésta, apenas me vio, exclamó:

— ¡Claudio, tengo que hablar contigo algo muy importante!

La interrumpí.

—Lo sé.

Me miró con sorpresa.

—Me vas a pedir que escriba.

—Imposible que lo sepas —respondió —. Eso mismo iba a decirte. ¿Cómo lo supiste?

Le conté todo lo que había acontecido y desde aquél día, cada vez que nos encontramos en algún lugar, me señala y dice sonriendo:

—Claudio, escribes gracias a mí.

Devuelvo la sonrisa y le respondo con cierta complicidad y agradecido:

—Es cierto. Eres la culpable de que escriba.

Desde entonces paso mis días en oración, escribiendo, disfrutando mi vida en familia. Ha sido una de las mejores etapas de mi vida. No ha estado exenta de dificultades, mentiría si te dijera que todo ha sido maravilloso. He tenido cientos de dificultades y problemas, pero los he colocado en las manos de Jesús y así pude salir adelante. Conocí la "Providencia Divina". Nada me falta, esto te lo puedo decir con propiedad. Jesús siempre provee mis necesidades en el momento justo. Te daré un ejemplo simple.

Ayer por la tarde, Vida, mi esposa, me comentó que debíamos pagar una deuda de tantos dólares. No tenía esa suma, pero tampoco me preocupé. Por la noche una señora me telefonea. Ha llegado de Honduras y desea comprar mis libros para su librería "María Reina de la Paz". Compró justo lo que estábamos necesitando. Así ha funcionado la Providencia en mi vida. Por eso estoy tranquilo y sigo adelante, procurando hacer lo que Dios me pide, aunque me cueste y a veces no lo comprenda.

*Cuando me falta
la voluntad,
me queda
**la oración**.*

# VOLVER A LA ORACIÓN

He descubierto que sin la oración estamos perdidos. Es la oración la que nos permite estar siempre en la presencia de Dios. La que nos da fuerzas para amar, perdonar y restaurar esas viejas heridas.

Debes encontrar el camino de la oración, aunque te cueste. Lo demás vendrá por añadidura.

A veces uno se queda sin palabras y no puede rezar. A mí me basta decirle: "Señor mío… y Dios mío". Es la mejor oración que encuentro en momentos así. Salgo afuera de mi casa, observo la inmensidad del cielo y me maravillo pensando en Dios. Sé que está allí, en alguna parte, mirándome.

De pronto me abraza una Ternura que sobrepasa todo entendimiento. Te llenas de un Amor que no comprendes. Es como la caricia de una madre. Quisieras que nunca termine. Es una presencia de Dios intensa.

Cuando te quedes sin palabras acuérdate de Dios y verás brotar de tus labios esta breve jaculatoria: "Señor mío y Dios mío". Al momento se hará presente y te responderá: "Aquí estoy".

# LA PRESENCIA DE DIOS

De pronto experimentas Su presencia sobrenatural y no sabes qué hacer. Es algo que te impacta y sobrepasa tu entendimiento.

Te inundan la paz... y un gozo que se desborda en tu alma. Es como un río caudaloso que te inunda.

Es una vivencia interior, íntima, y muy pocos a tu alrededor se dan cuenta de lo que ocurre.

Los frutos de esta experiencia son increíbles. De pronto, amas sin distinciones, los amas a todos, al que te hizo daño, al que no ama, al pobre, al enfermo.

Perdonas con facilidad. Es como si Dios te quitara las fuerzas para odiar. Y sientes la urgencia de darte a los demás, gritarle al mundo: *"Dios está vivo. Y nos ama".*

De alguna forma, sabes que es Él. Lo intuyes y sientes... Y comprendes que cada uno tiene un propósito por descubrir. Ninguno está al azar.

Todos somos hijos de Dios, amados por Dios. Tú también.

Siempre me impresiona aquella historia que una vez leí sobre la Madre Teresa de Calcuta. Encontró a una niña muy pequeña, tiritando, hambrienta, pidiendo limosna y todos pasaban frente a ella sin mirarla siquiera. Muy molesta le inquirió a Dios por qué no hacía algo. *¿Por qué permitía aquello?*

Cuenta la Madre: *"De momento, la pregunta quedó sin respuesta, pero por la noche, en el silencio de mi habitación, pude oír la voz de Dios que me decía:* **"Claro que hice algo para solucionar estos casos. Te he hecho a ti".**

Me he dado cuenta que el mundo está sediento del Amor de Dios. Hay mucho sufrimiento a nuestro alrededor, Resentimientos, tristezas... pero también hay alegrías y emociones bellas.

No recuerdo quién me dijo que la vida es como una ensalada, hay de todo en ella. Pero le falta el aderezo, lo que le da sabor. Y son nuestras buenas obras. Creo que tiene razón.

\* \* \*

Qué dulce es la voz de Dios que nos muestra el Paraíso. Con cuánta suavidad nos impulsa a seguirlo y a buscar su presencia.

Te pide ser santo, *pero no te obliga.* Te muestra el camino, irá contigo, pero tú debes andarlo. Te llena de gracias. Te habla del perdón, la misericordia, el amor. Y espera que respondas igual, perdonando, siendo misericordioso, amando. Porque un gesto, a menudo, vale más que una palabra. Para amar no se necesita hablar.

Soñamos despiertos con Su amor. Lo vemos en cada hoja, cada árbol, cada pajarillo que le canta a su creador. Su presencia es evidente. Allí está. También allá.

¿Ves a ese hombre? El de anteojos y barba que camina encorvado. También lleva a Dios. El que se le ha cruzado en el camino y va de la mano de su esposa. Dios también está en ellos.

Su voz está en el viento, que te envuelve en el verano, en las nubes con formas caprichosas, en tu interior, que menudo llenas con deseos mundanos.

Basta mirar atentamente y escuchar. Vaciar el alma y dejarlo entrar. Seguramente, cuando lo llames te dirá:

***"Aquí estoy".***

# DEBES CONFIAR

Cada vez que atravieso una dificultad me digo: *"No temas. Confía Claudio"*.

Sé que Dios no abandona a sus creaturas. Se desvela por nosotros. Pero de pronto me lleno de dudas. En esos momentos me repito: *"Debo confiar"*.

Afuera de mi casa tengo una banca de madera en la que me gusta sentarme. La llamo "la banca de pensar". Allí me siento algunas tardes a pensar y reflexionar.

Hoy que sentía el mundo encima de mí me dije: *"Debo confiar en Dios. Él camina con nosotros. Y NUNCA NOS ABANDONA"*.

He tenido vivencias muy fuertes, extraordinarias con la Misericordia de Dios. Suelo compartirlas en mis libros, que están llenos de testimonios. A veces me digo que si las personas supieran cuánto nos ama Dios, vivían tranquilos, serenos, en paz.

***~~~***

# SOBRE LA CARIDAD

Es verdad, no somos perfectos, pero estamos llamados a serlo. "Sed perfectos como vuestro padre del cielo lo es".

Recuerdo un trabajo en el que las personas hablaban mal entre sí. Hacían todo tipo de comentarios. Y hasta se burlaban los unos de los otros. Recordé allí lo que una vez leí:

*"Cuando haces un comentario malo sobre alguien, o sólo con pensarlo, es como si le arrojaras un dardo envenenado. Pero ese dardo, antes de dar en el blanco, primero atraviesa el corazón de Dios".*

Nos falta la caridad. Es una gracia que hay que cultivar. Como cuando siembras una planta y la riegas con ilusión.

Cultiva la caridad como un don precioso y alegrarás el corazón de Dios.

# LO QUE QUIERO DE TI

A mi edad, la vida cobra diferentes significados. He visto a mis hijos nacer, he visto a mi padre partir. He leído muchos libros y escrito otros. He sembrado árboles. Y en ocasiones, he sentido la presencia viva de Dios en mi pequeño corazón.

Cada vez que voy a comulgar, miro a Jesús en esas hostias blancas, hermosas, consagradas, y le repito a Jesús una y mil veces que le quiero, que soy feliz sabiendo que es mi amigo.

Su amistad me ha acompañado a lo largo de mis días. Sé que está conmigo, como está contigo.

De niño, mi mayor deseo era ser santo, tener contento a Jesús. Recuerdo una dulce monjita a la que le conté y me preguntó: "¿Y ahora?".

"Ahora más", le respondí. "Pero cometo tantos errores…".

**Vivimos de la gracia.** Nos sostiene el Amor infinito del Padre. Me doy cuenta de lo pequeños que somos y lo grande que es Dios.

Me encanta saber que soy su hijo, que somos sus hijos y, **por tanto, hermanos.**

Siempre he sentido que esta búsqueda de Dios es como escalar una montaña.

Suelo rodar cuesta abajo, pero persisto y empiezo a escalar de nuevo. Y mientras escalo pienso:

*"Debo esforzarme, amar más. Amaré al que me hizo daño, al que no me comprende...".*

La vida es tan corta que vale la pena gastarla en algo más grande que nosotros, en alguien: "Dios".

La vida es para ser vivida. Hemos venido a este mundo para ser felices, para amar.

Me han dicho que *debemos ser como un reflejo*, un eco del amor de Dios, llevarlo a los demás. Yo pienso que Dios espera que demos el primer paso, anhela una pequeña gota de nuestro amor. Le encanta saberse amado por sus hijos.

Dios espera lo que podemos dar, para multiplicarlo y convertirlo en algo extraordinario.

Una prima de mi esposa Vida, María Jesús, me dijo recientemente estas palabras que me impresionaron mucho:

***"Tú pon lo ordinario y Dios
lo convertirá en extraordinario".***

Es cierto Dios todo lo multiplica a nuestro favor. Con su Amor, podremos amar desinteresadamente, amar por el puro hecho de saber que el otro es mi hermano.

Dios, es la respuesta a todos nuestros anhelos.

Es su Amor, no el nuestro, el que nos traerá la paz.

*Es su gracia la que transformará nuestras vidas.*

Si un día Jesús me preguntara: "¿Qué quieres Claudio? ¿Qué puedo darte?"

Le respondería sin dudarlo:

*"Te quiero a ti buen Jesús,
porque teniéndote, lo tengo todo".*

Me inquieta el silencio Señor.

**"En el silencio te hablo.**
*Necesitas el silencio*
*para escuchar mi voz".*

Cuando rezo imagino que
cruzamos miradas, Señor.

La mía dice muy poco.
La tuya está cargada de amor.


*No me juzgas, me amas.*

# FLORECE PARA DIOS

Me encanta escribir sobre Jesús. Siempre descubro cosas nuevas y maravillosas a su alrededor. Él siempre hace TODO nuevo. Nuevos corazones, nuevas almas, nuevas personas.

Alguien me comentó que los años que llevo en este camino me han hecho mejor.

Hace mucho comprendí que no son los años en esta búsqueda de Dios lo que te hace mejor. Es la cercanía de Dios. Su Amor te hace mejor, transitar Su camino te acerca a Él.

Sé de algunos, con muchos años en este camino espiritual, que un día descuidaron la oración, soltaron la mano de Dios y cayeron en un precipicio del que no han logrado salir.

Quedaron aturdidos, confundidos, sin comprender cómo llegaron allí. Conocí uno que se afanaba por seguir a Jesús, soñaba con llevar a Jesús a los confines de la tierra, pero no podía.

Era como si tuviese un cordel atando sus pies, impidiéndole caminar. ¿En qué fallaba? ¿Por qué no lograba remontar las alturas de espiritualidad que antes tenía? No lo comprendía. Una persona como él, era un ejemplo a seguir.

La clave para entender la encontré en un libro. Un sacerdote escribió: ***"A veces descuidamos a Jesús, por las cosas de Jesús"***. Lo he visto tantas veces. Ah... qué terrible error. Te dicen: "Hago esto por Jesús". "Colaboro en la Iglesia, por Jesús". Pero no están con Jesús.

Han descuidado esos ratos maravillosos de intimidad con el Señor. La Madre Teresa se dio cuenta que esto podría ocurrir. Y cada día, al terminar la faena, pasaba una hora de adoración ante el Santísimo Sacramento. Esto les permitió seguir adelante y crecer. Sacaron sus fuerzas de Jesús, para hacer las cosas de Jesús. ¡Qué gran diferencia!

Todo lo podemos viviendo en su presencia. Siendo misericordiosos, haciendo lo que nos pide, sin olvidar quién es la vid y quienes somos los sarmientos. Sabiendo que, sin Él, nada podemos.

*¿Qué puedo hacer?* Es muy sencillo: Tu familia y tu casa serán como un monasterio, *un lugar sagrado,* donde debes encontrar a Dios. Vivir en Él, con Él y por Él.

*Debes tener ratos de intimidad con Dios,* allí donde te encuentres. Y luego, cuando estés en Su presencia, llénate con su Amor e irrádialo a los demás.

Hazlo con amor, sabiendo que todos, cada uno a tu alrededor, es un Hijo amado de Dios… por lo tanto, TU HERMANO.

Vi un cuadro de una fría acera, desolada y en medio de ella surgía una hermosa flor, con colores brillantes. El Mensaje era éste:

**"*Florece donde Dios te ponga*".**

\*\*\*~~~\*\*\*

*"¿Sabes lo que pido de ti?*

*Tu amor"*.

# MOMENTOS ESPIRITUALES

Anota aquí tus pensamientos

*Ve al sagrario y pregunta*
*a Jesús:*

*¿Qué quieres de mí, Señor?*

# DIOS NOS ESPERA

He vivido en la presencia de Dios los últimos días. Es una experiencia inimaginable. Dios es el cielo, estar en su presencia es degustar pedacitos de cielo, aquél cielo emocionante y extraordinario que nos tiene prometido. Por eso valoro tanto la gracia.

Suelo pensar:

*"Si pierdo la gracia, lo pierdo todo".*

Como somos humanos solemos caer. Yo procuro levantarme, sacudir mis ropas y acudir al confesionario. Allí me espera Jesús.

Cuando el sacerdote me aconseja durante la confesión, me digo:

*"Escucha, Jesús te va a hablar".*

Yo, que soy tan imperfecto, salgo renovado y feliz. Con nuevas fuerzas, con deseos de volver a empezar.

Dios lo ha sido todo para mí. Ha cambiado mi vida, me ha transformado. Me ha dado nuevas esperanzas y sueños por vivir.

Si las personas lo conocieran mejor, si experimentaran su dulce presencia, harían un cambio radical en sus vidas.

Lo sé, lo he visto muchas veces.

Personas que de un día para otro son tocadas por Dios. Y ya nada es igual. Todo es nuevo, diferente, hermoso.

**No es lo mismo hablar de Dios
que experimentar a Dios.**

Siempre he pensado que rezar es estar en su presencia. Me gustan mucho las jaculatorias. Me hacen sentir esa cercanía de Dios.

*"No te marches, Señor, porque atardece".*

*"Sáname señor Jesús, como sólo sabes tú".*

*"Gracias señor, por darme la vida".*

Dios, que un Padre maravilloso, no se cansa de dar nuevas oportunidades, de perdonar y olvidar, de mostrarnos el camino.

A veces olvidamos algo fundamental:

**"Para Dios  no hay nada imposible".**

*"**No sigan la corriente del mundo** en que vivimos, sino más bien transfórmense a partir de una renovación interior. Así sabrán distinguir cuál es la voluntad de Dios, lo que es bueno, lo que le agrada, lo que es perfecto".*

(Rm 12,2)

## LA EXPERIENCIA DE DIOS

*¿Alguna vez has llegado a un lugar y observado a las personas que te rodean?*

Miras al señor que preocupado escribe un mensaje en su celular, a las dos señoras que se toman un café en la mesa contigua... Por sus gestos parece que una le cuenta sus problemas a la otra...

El joven de anteojos oscuros que se ha sentado frente a ti, abriendo un libro para leer; el muchacho que escribe en su computador portátil con un refresco al lado, la señora que toma una sopa humeante con unas rebanadas de pan fresco, las abuelitas al costado que sonríen entre sí...

### *¿Alguna vez has rezado por ellos?*

Hoy estaba en una cafetería con mi esposa Vida y de pronto ocurrió. Fue maravilloso.

Miré a cada uno y mientras los miraba le dije a Dios:

*"Bendícelo Señor, ayúdalo en sus problemas, llénalo con tu Amor, que sepa que estás en él, que no va solo por la vida".*

Recé así con cada uno. No recuerdo haber hecho algo parecido antes.

Todos están distraídos con sus celulares, sus pensamientos, ajenos a mi presencia. Pero tal vez no a la presencia amorosa de Dios. Cuando Dios pasa todo lo transforma. Es algo que he visto y me encanta, *nadie queda indiferente ante la presencia amorosa de Dios.*

Tres jóvenes se marchan, van felices. *"Bendícelos Señor".*

"¿Qué es esto que ha ocurrido?", me pregunté. Es como si Dios nos dijera:

*"Quiero ser más amado y conocido. Quiero vivir en el corazón de la humanidad".*

He pensado que nuestros odios, las guerras, los problemas en nuestras familias, son por esa "falta de amor".

Si amaramos a Dios como Él nos pide, amaríamos también a los demás... los reconoceríamos como hermanos, hijos de un mismo Dios.

Si amaramos un poquito más, cambiaríamos al mundo, transformaríamos nuestros hogares, los barrios donde vivimos, las ciudades, los países.

En este momento, me doy cuenta lo poco que amo y me brota del alma este grito:

## *"Señor, que te ame más".*

Llegué al auto. Ya no puedo escribir. He notado algo especial, mientras conduzco, mi alma permanece en oración...

Estoy en la dulce presencia de Dios y no quisiera que esto terminara. Somos pequeñas vasijas, muy limitados y es poco lo que podemos guardar, pero esa poquita gracia *es algo sublime*, espectacular, que se desborda en mi alma, me llena de una serenidad sobrenatural y me mueve al amor. Sientes en esos momentos de dulzura que quieres amarlos a todos, a los que te han hecho daño, a los pobres, a los que no conoces y se cruzan en tu camino…

Creo que cuando rezamos por los demás, Dios se hace presente, y nos escucha complacido. Le agradan estos pequeños actos de misericordia.

Ten la experiencia de Dios. Está a tu lado, en ti...

Te lo garantizo: transformará tu vida. Te llenará de Paz. Serás Feliz. Quedarás maravillado y como muchos que conozco, dirás emocionado:

*"Más... quiero más de ti Señor".*

# LAS COSAS QUE DIOS ME PIDE

Suelo recibir emails de mis lectores, agradeciendo el bien que les hizo uno de mis libros. A todos, sin excepción los remito al autor de esas bendiciones... a nuestro Señor, en el sagrario. Yo escribo, es Él quien toca los corazones y los cambia. Es Él quien nos llena de esperanza y nos anima a continuar.

En estos días recibí un correo de una joven que me confiaba: *"Se burlan de mí, porque voy a Misa"*.

Me pareció un gesto tan hermoso, su perseverancia, sufrir por seguir a nuestro buen Jesús.

Convertirnos en un signo de esperanza, un pequeño rayo de luz entre tanta oscuridad. Y pensé en aquellas cosas que Dios me pide y por vergüenza o por miedo no me atrevo a hacer.

Son pequeños detalles, pero que harían un cambio, transformarían nuestra forma de ver el mundo, de hacerlo todo. Y ayudarían a otros a reconocer que no estamos solos... Que Dios habita en nosotros.

A veces cuesta hacer la voluntad de Dios.

Te compartiré tres de tantas veces que lo he vivido.

- *Bendecir*

Estamos llamados a bendecir. Con tanta frecuencia lo olvido y hago lo contrario. ¿Cuántas veces ha salido de tu corazón ese hermoso: "Dios te bendiga"? Me he propuesto hacerlo, cada vez que pueda. En lugar de un simple: "Gracias", añadiré una bendición.

Me tocó probar en el banco.

Cuando hice mi transacción tomé uno de mis libritos y le escribí a la cajera: *"Dios te bendiga".* Se lo entregué, leyó la dedicatoria, sonrió y me dijo:

*"Gracias. Dios te bendiga".*

Fue genial. Por un breve instante Dios se hizo presente en su vida. ¿Cómo puede esto cambiar el mundo? No lo sé con certeza. Pero sí sé que tu bendición no será en vano.

### *¿Te gustaría intentarlo?*

- *Perdonar*

Vaya que nos cuesta hacerlo.

Esta mañana salí al patio interior de mi casa. Me gusta sentarme allí y reflexionar. Pienso muchas cosas.

Por algún motivo pensé en el tiempo de nuestras vidas que perdemos al no perdonar. Damos vueltas pensando en aquél que nos hizo daño, llenando nuestros corazones de odio, malgastando minutos preciosos.

Cuando no perdonas, sacas a Dios de tu vida y te pierdes un maravilloso tesoro. Dios es amor, por tanto, estas llamado al amor.

Hace mucho di cuenta que no valía la pena guardar rencores. Perdonar es una gran medicina. A veces cuesta tomarla, parece un poco amarga. ¡Pero cura de verdad! Por algo importante Jesús lo incluyó en el Padre Nuestro. ¿Por qué? Te toca descubrirlo, como muchos ya lo han hecho.

- *Hablar de Dios*

Hace unos días estuve en una reunión y de pronto pensé: "Nadie ha mencionado a Dios". Cuesta hablar de Él porque crees que te verían diferente, como esa joven que va a misa diaria y se burlan de ella.

Rompí el silencio y al final todos terminaron contando sus experiencias con Dios. Fue una velada muy agradable.

Hablar de Dios fue uno de los motivos por los que me dediqué a escribir estos libros de crecimiento espiritual y a compartir mis vivencias en la fe y la de otras personas que amablemente me las compartían.

Ocurrió una noche de verano, hace 12 años. Una amiga del Movimiento de los Focolares me invitó a ver un video en el que Chiara Lubich, su fundadora, hablaría con un grupo de jóvenes artistas.

Recuerdo las palabras de Chiara:
*"Donde quiera que vayan hablen de Dios, en sus reuniones, en la radio. Escriban de Dios, no tengan miedo de mencionar su nombre. Que Dios vuelva a estar de moda".*

Chiara tenía razón. Algo debíamos hacer y me senté a escribir mis primeros libros.

La experiencia de Dios es maravillosa, descubrirlo en nuestras vidas lo cambia todo. Vale la pena hablar de Dios, vivir en su presencia.

Trato de hacerlo, hablo de Dios en todas las ocasiones que puedo. Cada vez que viajo con mi familia, visito alguna Iglesia, *para hablar con Jesús*, luego, busco una emisora de radio *para hablar de Jesús*.

***~~~***

El alma es, como decía
santa Teresa de Jesús:

*"Un huerto que hay
que cultivar".*

*"Feliz tú si en todas las ocasiones, reconociendo a Jesús en todas las circunstancias penosas, en la palabra que molesta, en la disposición que te contraria, sabes decir con amor, como cuando lo reconozco bajo el blanco velo eucarístico:*

**"¡Señor mío y Dios mío!"**

(Beata sor María Romero)

# ¿Qué quiere Dios de mí?

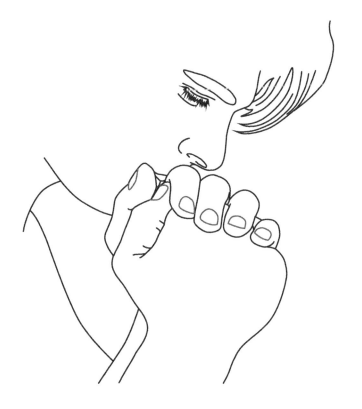

"Señor: A menudo me pregunto
quién eres TÚ, quién soy yo.

Tengo tantas dudas…"

*Basta un instante para
que te enamores de Jesús y te
conquiste irremediablemente.*

*Él nos conoce bien y me
sorprende en ocasiones, porque
nos habla de tantas maneras.*

# CUANDO DIOS TE HABLA

Por años me valí de la razón, pensaba que era lo mejor... hasta el día que sentí la presencia de Dios. Ese día empecé a escuchar el corazón, a sostenerme con la fe. Fue algo inexplicable y sorprendente.

Conducía mi auto y de pronto me inundó una oleada de ternura que no comprendía. Para mí era un misterio. Me parecía estar en otro lugar disfrutando de la compañía de "alguien", que me amaba inmensamente. Era tal mi impresión y alegría que deseaba que esto nunca acabara. Pero, así como llegó, se marchó. Entonces no lo comprendí.

*"¿Qué ocurrió?"*, me preguntaba.

En esos tiempos, todo lo analizaba. Y me decía: *"¿Qué debo hacer para volver a experimentarlo?"*.

Un año después, llegó súbitamente, como la primera vez. En esta ocasión, supe quién era: *"Dios"*.

Dios que pasa y todo lo transforma.

Sentía con tanta fuerza Su Amor. Su presencia. Su majestad. Su ternura...

Y comprendí mi pequeñez y Su grandeza. Mi terquedad, y su Amor. Me sentía como un niño, amado, consentido... Sabía que en alguna forma era especial para Dios.

Empecé a escuchar una voz interior que me movía a hacer pequeñas "locuras" por Jesús. Inspiraciones divinas que pocos comprendían. Ese deseo "loco" de abrazar al pobre, de alimentarlo, ese anhelo de perdonarlos a todos, amarlos con el Amor de Dios. Y luego un deseo irremediable de asistir misa cada día, para estar con Él.

*¿Quién puede comprender estos cambios tan dramáticos?* De pronto, inexplicablemente, eres otra persona. Ni uno mismo sabe cómo explicarlo. Por eso Dios se encarga de todo.

Hagamos pues lo que nos pide, lo mejor que podamos. Del resto, se encargará Él.

***〜〜***

# DEBEN SABER QUE LOS AMO

Ayer una joven que lee mis libros se me acercó para decirme: *"No temas seguir a Jesús"*. En ese momento, el corazón le empezó a latir a mil por hora, sintió un gozo sobrenatural y se dijo:

*"Es Jesús. Está conmigo"*.

Se sentía feliz. En ese instante una amiga se acercó a nosotros y al verla en ese estado, como en oración, le pregunta:

*"¿Tú quieres ser religiosa?"*

Y ella contesta: *"Sí. Con toda mi alma"*.

Sus otras amigas que estaban cerca no podían creer lo que escuchaban y le preguntaron de nuevo y a todas respondió igual.

*"Me van a molestar, se van a burlar de mí. Pero ya no tengo dudas ni miedo de seguir a Jesús. Todo esto se desencadenó gracias a uno de sus libritos. Quería que lo supiera para que siga escribiendo"*.

Como a todos la mandé al Sagrario para que le contara a Jesús. La chica me dio un abrazo y rompió a llorar. *"Es el gozo que llevo dentro",* me dijo. *"Lloro de felicidad".*

## ¿Qué te pide Dios?

Algo muy sencillo, a tu alcance. Tú pones la semilla y Jesús la hace germinar y dar frutos. Es lo que te pide. *"Siembra en las almas una pequeña semilla de amor y Yo la haré germinar".*

Ayer fue un día estupendo. La chica con su testimonio me recordó a mi sobrina y quedó feliz cuando le conté que era **un bicho raro** para el mundo, porque ya la empezaron a molestar sus amigas. **Y está feliz**, gozosa de poder ofrecer esto a Jesús. Le di la bienvenida al *"exclusivo club"* de los bichos raros por Jesús. Y se rió un buen rato.

Las personas tienen miedo de lo que no conocen y desean. Les gustaría hacerlo, dar el paso, ser felices, pero les da miedo.

A lo largo de mi vida he atravesado muchas crisis… Y aquí estoy. Empezando de nuevo.

Algo que aprendí es que todo pasa y que con Dios a tu lado podrás enfrentar tus temores.

Cada vez que veo que una tormenta se avecina, voy al Santísimo. Sé por experiencia que nada me hará tanto bien como visitar a Jesús y compartir con Él mis inquietudes. Aprendí que Él tiene todas las respuestas. Siempre sabe qué hacer. Y lo más estupendo es que te llena de gracias, te fortalece de formas que nunca imaginaste.

Por eso, cada vez que un amigo se me acerca con un problema, lo envío con Jesús. "Visita a Jesús", le digo, "te está esperando en el Sagrario".

Jesús ha sido mi gran amigo de la infancia. Y nunca deja desamparados a los que lo buscan confiados. Le encanta consolar. Alentar, Animar. Escuchar. Abrazar.

Te parecerá algo utópico, pero los años, la fe y las vivencias, me han demostrado que es cierto…

*Él está allí. Vivo.*

Está presente en aquellas Hostias consagradas. Esperándote en el sagrario.

No recuerdo a nadie que no experimentara algo extraordinario en sus visitas al Santísimo.

He visto cientos de casos sorprendentes y admirables. Una pequeña visita al Sagrario ha hecho la gran diferencia en sus vidas.

Cada vez que llegaban a contarme alguna inquietud escribía en un papelito: *"¿Ya hablaste con el que te puede solucionar tu problema? Haz la prueba. Visita a Jesús"*.

A los días regresaban con el rostro cambiado, con una sonrisa espléndida, Venían a contarme entusiasmados las maravillas que estaban viviendo desde aquella visita, a Jesús Sacramentado. Yo que he visto tantas cosas, aún me sorprendo con sus historias. Jesús tiene una alegría contagiosa, un sentido del humor único. Cada vez que lo visito le digo: *"Aquí estoy Jesús"*. Y me parece que sonriendo me responde: *"Aquí estoy, Claudio"*. Luego, con más seriedad te dice: *"Quiero ser el centro de tu vida, que me tomes en cuenta. Que me ames como Yo te amo"*.

Suelo pedirle una chispa de su Amor, que me inunde toda el alma y el corazón, para poder amarlo más y amar a los demás.

# Aprendiendo
## a confiar

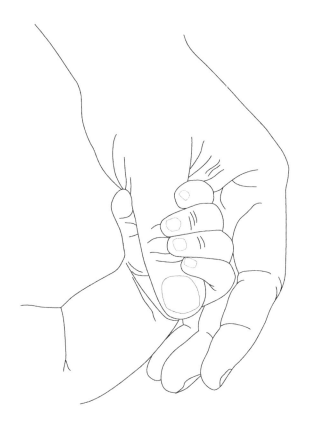

"Ven pequeño mío,
iniciemos el camino"

***Muy pocos comprenden a los buscadores de Dios.*** Porque no es normal dejarlo todo. Humanamente no se entiende... hasta que vemos los frutos de esas personas.

Entonces te comprenden y se dan cuenta que ibas por el camino correcto.

Que encontraste *el Camino,* **a Jesús.**

**"Yo soy el Camino**, *la Verdad y la Vida".* (Jn 14,6)

# AQUÍ ESTOY

—Señor, si sé que estás verdaderamente presente en cada Hostia consagrada, en cada tabernáculo del mundo entero; entonces, ¿por qué no tengo paz?, ¿por qué no puedo tener la tranquilidad al saber que Tú me cuidas?

Sé que en cada momento de mi vida estás conmigo, entonces, ¿por qué ando preocupado? ¿Por qué no experimento la serenidad que proviene de Ti?, ¿por qué me siento tan mal?, ¿por qué los problemas me agobian?, ¿por qué no ando seguro por el mundo?

—Porque oras poco.

—Me he quedado sorprendido por esta respuesta, Señor.

—Hijo mío, ¿cuántas veces al día te invito a la oración y no haces caso? ¿Cuántas veces te alejas de mí con tus pensamientos y tus obras? ¿Cuántas veces tengo que darte la gracia, el deseo de buscarme, de estar conmigo? ¿Cuántas veces te sugiero que te acerques al Sacramento de la Reconciliación? Respóndeme, hijo mío: ¿Cuánto tiempo dedicas a la oración?

Te llamo a ser santo y te conformas con la vida que llevas. Tal vez no te das cuenta, pero siempre estoy contigo, a pesar de tu poco interés en la vida interior.

Has de saber que yo nunca me desanimo, siempre te estaré llamando. Conservo muy dentro de mi Sacratísimo Corazón, la ilusión de que cambies.

Aún hay tiempo. Reacciona. Puedes lograrlo.

Comprende que te amo, que lo eres todo para mí y que lo doy todo por ti.

***~~~***

*Ten ansias, anhelos del cielo,*
*en todo tu actuar.*

## SER MORADA DE DIOS

Llevo días reflexionando en lo que Dios quiere de nosotros y no es fácil encontrar respuestas. Algunas son muy claras y evidentes: *"Amar. Ser morada de Dios. Anhelar la santidad. Custodiar nuestro estado de gracia"*. Otras, están grabadas en el corazón de la humanidad y cuesta más encontrarlas.

Recuerdo haber leído sobre este hombre que era un ingeniero. Cada mañana asistía a misa, frecuentaba los sacramentos, era honesto en su trabajo. Era un hombre sencillo, invisible para el mundo. Al morir, el Papa lo beatificó. Su ama de llaves al enterarse se quejó: "¿Por qué? Si lo único que hizo fue cumplir con sus deberes de cada día".

"Justo por eso fue santo", le respondieron. "Por cumplir sus obligaciones cotidianas con el deseo de servir a Dios, imprimiéndoles un sello muy visible: El Amor de Cristo".

La santidad que nos pide Dios está en lo sencillo, lo cotidiano, amar a todos, cumplir nuestras obligaciones con rectitud. No hay que buscar fórmulas difíciles o inalcanzables.

*Basta llenar de amor nuestras pequeñas obras de cada día. Hacer nuestras obras, gratas a Dios.*

Nunca sabremos cómo impactaremos así las vidas de los demás.

*"Si supiéramos la fiesta que Dios nos tiene preparada en el cielo, todos seríamos santos de altares".*

\* \* \*

Hay días estupendos, como hoy, que la presencia de Dios se experimenta con tanta intensidad, que no sabes si llorar o reír de tanto agradecerle su amor.

En días bellos como hoy, vengo a la terraza de mi casa y escribo. No me detengo, sólo escribo. Es mi forma de expresarle al buen Dios mi pobre amor, imperfecto, que anhela el suyo.

\*\*\*﹏﹏\*\*\*

# ¿NO TE SIENTES DIGNO?

*¿Acaso hay alguien que lo sea?* San Josemaría Escrivá anotó: ***"¿Que eres indigno? Pues... procura hacerte digno. Y se acabó".***

Ya está, ¿ves que sencillo?

Tampoco hay que ser perfectos. Los grandes santos tuvieron muchos defectos. Fueron superándolos en la medida que unían sus vidas y anhelos a Dios.

No hay que ser dignos para seguir el llamado de Dios.

Él no te escogió porque eras digno, o sabio, o tienes muchos recursos, hablas bien, o sabes cómo desenvolverte en la sociedad, te eligió porque conoce tu corazón, sabe lo que hay dentro de ti. Esto le basta. Además, **Dios primero escoge, después da las gracias que vas a necesitar.** No te preocupes.

Tú responde:

*"Señor, aquí estoy, para hacer tu voluntad".*

*¿No sabes dónde refugiarte?*

*Sumérgete en mi Amor.*

# LA VOLUNTAD DE DIOS

Hay preguntas que no pueden quedar sin respuesta. Tengo tantas inquietudes y a menudo pregunto a las personas para aprender.

Hace unos días le pregunté a un catequista:

— ¿Qué es lo que Dios quiere de nosotros?

— Que hagamos su santa voluntad —respondió.

—Y, ¿cuál es su voluntad?

— Que vivamos el Evangelio y lo anunciemos. "Vayan por todo el mundo y anuncien la Buena Nueva a toda la creación" (Mc 16, 15).

— Es verdad — pensé —. Necesitamos personas que crean en el Evangelio y lo anuncien.

Una amiga lo ha dejado todo por vivir su ideal, en un movimiento de la Iglesia Católica. Dejó su trabajo, las comodidades, su familia y marchó a otro país. Ayer pudimos conversar y aproveché para preguntarle:

— ¿Cómo supo usted lo que Dios le pedía?

— Hay muchas señales, pero sobre todo existe la certeza en el corazón de que se quiere gastar la vida por algo Grande.

— ¿Cómo saber interpretarlas?

— Por medio de la oración. La oración es más que orar. Es una relación con alguien a quien uno ama.

Por eso implica toda nuestra vida. Es decir: si amas a alguien, haces muchas cosas en función de esa persona. Es igual con Dios, y en la medida que el amor me mueve, más profunda es esa relación.

Entonces, esa voz que una vez nos llamó, se hará clara y fuerte.

**Sólo amando, se podrá entender el llamado de Dios.**

Me recordó las palabras del Beato Carlos de Foucauld (Hermano Carlos de Jesús):

*"En el mismo momento en el que creí que existía Dios, comprendí que no podía hacer otra cosa más que vivir para Él".*

# LA VOCACIÓN

La vocación es un misterio. Como tantos misterios hay en el llamado personal que Dios nos hace a cada uno de nosotros. Yo estoy casado y tengo cuatro hijos. El menor, Luis Felipe, tiene apenas 12 años. Mi vocación la veo con claridad: es la familia, santuario de Dios. Hacer de nuestro hogar un refugio, un castillo, donde nos sintamos todos amados, protegidos. Amar.

Gritar al mundo que vale la pena: Sí, vale la pena formar una familia, viviendo con Dios en medio de nosotros. También siento una necesidad profunda de escribir de Dios, darlo a conocer, en su ternura y su amor de Padre.

— ¿Y yo?, ¿qué quiere Dios de mí? ¿Dónde está la respuesta? ¿Cuál es el camino seguro?

— Es algo que deberás buscar en tu interior. Donde habita Dios. Porque somos templos del Espíritu Santo.

Al final, vas a comprender que lo importante es vivir en su presencia amorosa.

Trabajar por el Reino. Desgastar la vida por Dios. Vivir por un ideal grande y verdadero es lo que te hará feliz.

*¿Cómo comprender a un artista, si no sabes de pintura? ¿Cómo comprender a un músico, si no sabes de música? ¿Cómo comprender a Dios, si no sabes amar?*

\* \* \*

No tengas reparo en decirle a Jesús que lo amas. Ve al sagrario, allí está Él y dile una y otra vez que lo amas.

***"Jesús, yo te amo"***

***"Jesús, yo siempre te amaré".***

\* \* \*

A veces, no sé por qué, me nace del alma una infinita ternura. Es como si Dios se hiciera presente y te envolviera en su Amor. No siempre he comprendido del todo estos acontecimientos. Sólo sé que me ocurren y me da por hacer cosas curiosas.

El otro día me paré frente a la ventana y mirando una capilla cercana le canté villancicos al buen Jesús. Lo imaginaba escondido en aquél sagrario, sin nadie que lo visitara y quería tenerlo contento. Hacerlo sonreír.

Debo estar loco, pensé, pero sentía que a él le agradaba esto. Que lo recordaran, que pensaran en su Amor. "Tal vez los villancicos son una forma de oración", me dije. Y continué cantando, diciéndole que lo quería.

Otro día recordé que estando tan cerca poco lo visitaba. Por eso a ratos, cerraba los ojos y con mi mente me trasladaba al oratorio y le hacía compañía. Es tan grato estar en su presencia.

Cuando pienso en Jesús, me da por hacer cosas. Hoy, por ejemplo, me he quedado despierto hasta media noche, para escribirte. Y contarte mis vivencias A esta hora todos duermen en casa y puedo pensar, rezar y reflexionar...

Hasta me da por cambiarle el nombre. Lo llamo "Ternura". Vaya ocurrencia la mía.

Lo que más le agrada es cuando le queremos y se lo decimos. Entonces me parece verlo sonreír de tanta alegría en aquél sagrario, y con tanto amor, que todo es luz y serenidad y paz.

Y es cuando escuchas en el alma sus dulces palabras: *"Yo también te quiero"*.

Es tanto su amor, que te envuelve, te llena y no quieres moverte de allí. Deseas permanecer una eternidad en su Divina presencia. Es en esos momentos cuando descubres tu vocación y puedes exclamar como santa Teresita del Niño Jesús:

**"Mi vocación, es el amor".**

***〰〰***

# ¿A DÓNDE ME LLEVAS SEÑOR?

He pasado días reflexionando en lo que Dios quiere de mí. Tratando de tomar fuerzas e iniciar nuevamente el camino. Es un momento en que busco su rostro, tal vez por la cercanía de mi cumpleaños. Es una fecha especial en que renuevo mis promesas.

Súbitamente recordé aquella mañana de verano, que conducía hacia mi trabajo. Faltaban 15 días para cumplir 33. Mi alma bullía, llena de inquietudes. Me detuve en un parque cercano una mañana de mucho sol y me bajé del auto. Miraba a los que pasaban apurados, mientras yo, sentado en aquella banca, en silencio, buscaba una respuesta.

¿Qué deseaba Dios de mí? ¿A dónde me conduciría? ¿Por qué yo?

Hice un acto de abandono y le ofrecí lo que tenía: "mi vida". A partir de los 33 mi vida sería suya.

Viviría en el mundo, con mi familia, mi trabajo, las dificultades cotidianas, pero mi corazón estaría en el suyo.

Quería tomar para mí, aquellas dulces palabras de san Antonio: "Te hemos seguido a ti. Nosotros criaturas hemos seguido al Creador, nosotros hijos al padre, nosotros niños a la madre, nosotros hambrientos al pan, nosotros sedientos a la fuente, nosotros enfermos al médico, nosotros cansados al sostén, nosotros desterrados al paraíso".

Empecé a subir un camino empinado y resbalé cientos de veces, bajo el peso de mi orgullo. El buen Dios me cuidó y me mostró el camino de la humildad que tanto le agrada. Soy orgulloso y le pido esa gracia. "Hazme humilde Señor".

Ahora, cada año, cuando se acerca esta fecha, trato de hacer un propósito, algo especial que haré por Jesús. Esta vez, fue diferente, me atreví a pedir una gracia, que he anhelado por años. Y Dios, luego de escucharme, me ha pedido algo:

"Humildad".

Y lo ha hecho de forma tan notoria que no podía pasar desapercibido. Emprendo el camino nuevamente, más tranquilo, sabiendo que Dios es un Padre amoroso y tierno.

Quiero "vivir en su presencia", ligero de equipaje, con más esperanza y la mirada en el cielo.

Trato de abrazar la humildad que se me pide y que veo tan lejana.

Aproveché para leer la vida de los santos. Sé que ellos tienen la clave, porque todos han conseguido esta gracia, ser humildes. ¿Cómo lo hicieron?

Me detuve en estos pensamientos de santa Teresa. Quise vivir esta experiencia, pensando que tal vez la humildad de Jesús es la que los abraza y los hace humildes.

*"Cada vez que tomaba la comunión me repetía a mí misma estas palabras de san Pablo "Ya no soy yo quien vive en mí, es Jesús el que palpita en mí".*

Te vuelves en momentos así, uno con Cristo. Por eso fui temprano a misa y esperé emocionado el momento de comulgar. Al recibir su cuerpo y su sangre, me sentí tan feliz, lleno de una esperanza nueva y singular. Entonces pude reconocer la grandeza de su Amor y le dije emocionado:

*"Ya no soy yo, eres Tú quien vive en mí".*

***~~~***

# LA PRESENCIA DE DIOS

Siempre recuerdo con afecto aquel amigo que me acompañó una tarde al Hogar de las Misioneras de la Caridad, de la Madre Teresa. Llevamos alimentos y una alegría que se desbordaba en nuestras miradas.

Al regresar, mientras conducía, con lágrimas en los ojos, me decía mi amigo, emocionado como un niño:

— ¿Qué es esto? ¿Por qué me siento tan feliz?

— Es la alegría de dar — le respondí.

Un profundo silencio y una emoción grandísima nos acompañaron durante el camino.

Era la presencia de Dios entre nosotros.

***~~***

# CUANDO DIOS TE TOCA

## UN TESTIMONIO HERMOSO

Mi nombre es Michelle. Estoy aquí para contarte lo más importante de mi vida. Nací en Panamá. Tengo una hermana mayor y tres hermanos menores. Mis padres se divorciaron cuando yo tenía 2 años. Éramos 3 en ese momento, luego mi padre se volvió a casar y nacieron mis hermanos más pequeños.

Ser hijo de padres divorciados es como llevar una especie de marca que nadie ve pero que uno siente que la tiene.

Mi mamá se mudó a la casa de mis abuelos y allí viví una infancia tranquila, el amor de mi familia lograba cubrir de alguna forma la ausencia de mi papá.

Trataba de vivir como los demás católicos, iba a misa cuando mi abuela me llevaba. A los 14 años participé de un grupo juvenil.

Tenía mucho entusiasmo, pero veía por todas partes que faltaba un poco de coherencia. A pesar de eso me divertía y participé 3 años.

A los 17 me gradúe y fui a estudiar Arquitectura, orientada por mi padrastro que me dijo que Arquitectura era mejor que Diseño Gráfico, porque los Arquitectos eran jefes. Quise ser obediente y en el ingreso de la Facultad coloqué en ese orden: Arquitectura, Diseño Gráfico y Bellas Artes. Obtuve el cupo en Arquitectura, así comenzó mi aventura.

Entre mis compañeras de clases había una que llamó mi atención. Se comportaba diferente a los demás, delante de chistes vulgares se retiraba, si hablábamos en doble sentido se iba, no le preocupaba quedarse sin amigos y, al contrario, mientras más se iba, más la buscábamos porque en el fondo nos gustaba compartir con ella. Habló en plural porque era lo que decíamos mis compañeros y yo.

Aprendí palabras sucias en inglés y español y cuando sucedía algo entre mis amigos las utilizaba todas.

En mi casa era otra persona, allí ninguna palabra sucia era posible.

Con el tiempo mi compañera se volvió mi amiga, me ayudaba en los estudios, y un día me invitó a un encuentro del Movimiento de los Focolares llamado Mariápolis, en el que las personas en la "Ciudad de María" tienen una profunda y espiritual experiencia de fraternidad, en la que todos vivimos como hermanos. Fui a esa Mariápolis que tenía el título: *El Camino de María, un camino para Todos*.

Allí conocí a través de un Video a Chiara Lubich, su pensamiento, sus experiencias y junto a ella conocí personas que vivían el Evangelio que ponían en práctica las palabras de Jesús. Lo que Chiara decía lo pude comprobar durante los 3 días de convivencia. Podíamos vivir el Evangelio.

Me fui de aquella Mariápolis feliz, convencida de haber encontrado un grupo que me gustaba y de dimensiones más grandes.

No era sólo un grupo juvenil o una parroquia o un país, era una familia grande, personas de todas partes del mundo que vivían este Ideal, así le llamaban: *El Ideal de la Unidad*. Querían construir un mundo unido y yo con ellos quería cambiar el mundo.

Después de dos meses de vivir lo que había aprendido en la Mariápolis: *"Amar a todos, amar de primero, ver a Jesús en todos".* De vivir estas frases del evangelio:

> *"Den y se les dará".*
>
> *"A quien me ama me manifestaré…"*

Justo esa: *"A quien me ama me manifestaré",* yo no la entendía mucho, pero estaba en el Evangelio.

Una mañana en la universidad, mis compañeros me pidieron que los llevara. Para hacer un acto de amor les dije que yo los llevaría. Se subieron cuatro, sólo que las direcciones donde iban eran bien distantes una de las otras. Pero yo estaba decidida a amar, así que di una gran vuelta para dejarlos a cada uno, antes de irme a mi casa.

Estaba feliz y a dos cuadras antes de llegar, sentí que Dios me decía:

**"¿Quieres donarte toda a mí?"**

En ese momento sentí que algo me quemaba dentro. Llegué a mi casa y en mi habitación me dije:

*"Bueno, la verdad es que yo puedo hacer una vida normal, casarme y tener mis hijos, nadie me impide hacer esto".*

Pero reflexionando me pregunté:

*"¿Quién me está pidiendo que me done toda a Él?"*

Es Dios, no es un hombre. A un hombre le puedo decir que sí o que no, pero ¿a Dios? *¡A Dios le puedo decir sólo sí!*

Y en ese mismo instante le dije: *"OK SÍ".*

Tenía 19 años.

Con el tiempo comprendí la frase de Jesús:

*"A quien me ama me manifestaré".*

Yo venía de amar a mis compañeros llevándolos a sus casas, sin importar donde vivieran.

Comprendí cuando dice en el Evangelio que los discípulos en Emaús sentían que les ardía el corazón con su presencia.

Comprendí que *el amor de Dios es más grande y sublime que cualquier cosa*. Él tiene un plan para cada uno. Y espera sólo una respuesta personal. Después de ese *"sí"*, la verdadera aventura inició.

El céntuplo que Él promete, lo viví. Tenía cien padres, cien madres, cien casas, más amigos.

Ese Dios que para muchos está lejos en el cielo, yo lo encontré muy cerca de mí, en cada hermano.

El Ideal de Chiara Lubich me llevó de la mano y me hizo conocer *el verdadero amor de Dios*, y me enseñó a amar también en el dolor. A ver más allá de las situaciones, a ver que todo lo puedo tomar de las manos de Dios.

Quise ser como ella, como Chiara Lubich. Quería continuar lo que ella había iniciado: *"Una revolución de amor en todo el mundo"*. Me preparé para ser una focolarina, y me consagré a Él para siempre hace 26 años. Le agradezco haberme llamado, y le prometo año tras año fidelidad.

Te deseo que como yo encuentres la felicidad en las alegrías y también en el dolor, que descubras el rostro de Jesús en cada persona y que inviertas bien tu vida, *que la gastes por algo grande*.

# GRACIAS SEÑOR

Pensé que libro que debía ser una respuesta a tus inquietudes terminaría siendo una gran pregunta, llenándote de inquietudes... Estaba por cerrar el libro cuando una prima de mi esposa, me envió un video que me encantó, sobre el sentido de la vida y lo poco que admiramos la creación. Mostraba cuánto perdemos al no ver a nuestro alrededor y darnos cuenta que todo es un regalo que se nos da. Me recordó cuando iba con mis hijos pequeños al interior del país y nos deteníamos de noche, en medio de la nada, en aquella carretera oscura y silenciosa para admirar el cielo y las estrellas. ¡Qué espectáculo! Cuantas veces olvidamos lo increíble y hermoso que es el firmamento.

Vivimos embebidos, absortos y olvidamos que la vida es un presente, un don que se nos da.

Cierra el libro un momento y mira el firmamento. ¿No es maravilloso lo que te rodea? ¿Alguna vez te has fijado lo hermoso que es?

Mira con curiosidad a tu alrededor. Observa los colores de una flor, el movimiento de la hierba, la sombra de los árboles…

Estas maravillas hacen que brote en nosotros una palabra olvidada en el tiempo:

"GRATITUD".

Muy poco la he usado en mis libros. Casi no he pensado en ella. Está por encima de nuestros intereses, y tus dificultades. La gratitud nos engrandece, nos muestra que hay otras cosas importantes en este mundo.

Quiero cultivar esa palabra, ser agradecido con Dios.

Me encanta leer libros sobre la vida de los santos. Siempre aprendo algo nuevo de ellos: Su fe, su confianza, la vida de oración que han llevado, cómo lograron caminar en la presencia de Dios. Me sobrecogen sus últimas palabras, aquellas que nos obsequiaron antes de partir al Paraíso. Santa Clara es una de las que más me ha impresionado. Animaba a las hermanas en sus últimos momentos.

*"Hijitas mías, alabad a Dios".*

Con una profunda paz, brotó de sus labios esta oración, que debemos hacer nuestra:

*"Gracias Señor, por haberme creado".*

# UN ALTO INESPERADO

Cada cierto tiempo debo hacer un alto en el camino. Me parece que Dios me dice: "Espera, detente". Quiere que recuerde su presencia en medio de tanto barullo.

En este momento me encuentro así, como un barco que ha encallado, sin poderse mover, en espera del capitán, del viento y del oleaje. Ese oleaje es Dios y el viento es el Espíritu Santo y el capitán, es Jesús.

Me ocurre como cuando divisas un cúmulo de nubes oscuras sobre el paisaje. Sabes que va a llover. En mi caso, súbitamente, se cierran algunas puertas importantes. Y las cosas empiezan a estancarse en la editorial. Por más que trate, no logro nada.

Comprendo entonces que por mis fuerzas será inútil. Ha llegado el tiempo de hacer un alto y reflexionar. Y me digo: *"Todo pasa. Esto también pasará"*.

Son situaciones en las que Dios nos pide mirar hacia arriba. Cuando lo haces, te dice emocionado: "Aquí estoy hijo mío". Y corre a abrazarte.

Reconoces que lo material vale nada, ante su grandeza y esplendor.

Decía santa Teresita que Dios tiene necesidad de nuestro amor. Él que es Amor, anhela que lo amemos.

En mi casa somos seis: mi esposa Vida, mis cuatro hijos y yo. Todas las mañanas nos damos los buenos días, desayunamos juntos, charlamos, hacemos planes y luego iniciamos nuestras actividades. Imagino la ilusión de Dios de estar entre nosotros y ser parte de nuestros planes. No sentirse olvidado por sus hijos. Yo, debo reconocerlo, a veces me concentro tanto en otras cosas que pierdo el sentido de su presencia. Y es cuando Dios acude hasta nosotros. Encalla la barca de nuestra vida, y nos recuerda: *"Yo soy y te amo. Quiero cuidarte. Déjate amar"*.

Inamovible, como estamos, nos llega de una dulce esperanza. Un amor infinito nos inunda.

"Señor", le digo, "perdóname". Y la brisa empieza a soplar y la marea me alcanza y el capitán toma control nuevamente de la barca.

Entonces, llega la certeza… es el momento de continuar.

# ¿QUÉ AGRADA A DIOS?

A veces pienso esto: ¿Qué agrada a Dios de los que estamos llamados a la santidad? "La humildad".

San Agustín decía:

*"Si quieres ser santo, sé humilde.*
*Si quieres ser más santo, sé más humilde.*
*Si quieres ser muy santo, sé muy humilde".*

Ésta es una gracia especial difícil de cultivar... Sé por experiencia que cuando queremos y no podemos, el buen Dios provee los medios. La humildad es un remedio contra el demonio y sus asechanzas, pues es orgulloso y no soporta a los humildes. A mí me cuesta la humildad, pero procuro cultivarla.

*¿Qué más le gusta a Dios?*

Que confiemos. Dios se pone feliz cuando confiamos en Él. Si tan solo confiáramos un poquito más, tendríamos más serenidad, más presencia de Dios en nuestras vidas.

\* \* \*

# VALES MUCHO

Es curioso, a menudo me escriben lectores que no saben qué hacer ante el pecado que cometieron en su juventud y lo llevan como un pesado costal sobre la espalda, oculto debajo de su conciencia. También encuentro personas que no se valoran, no saben que son una maravilla, no fueron creados por casualidad sino por amor Divino. Estas personas que se sienten poca cosa.

— Valgo nada —te dicen.

Y viven tristes, sin ilusiones, sin saber hacia dónde ir. No conocen a Dios. Ni han experimentado su amor. No saben que somos especiales para Él.

Constantemente el Buen Dios nos dice:

"No temas, ya que yo estoy contigo". (Is 42, 5)

*"...Tú vales mucho a mis ojos, Yo doy a cambio tuyo vidas humanas, Por ti entregaría pueblos, porque te amo y eres importante para mí".*
(Is 43, 4)

# HÉROES DE DIOS

*¿Has visto aquellas películas de grandes batallas en las que un soldado es herido y queda tirado en medio del campo de batalla?*

A su alrededor silban las balas. Explotan los morteros. Y él no puede moverse.

De pronto, un soldado heroico corre a su rescate. Lo arriesga todo y llega a su lado. Lo carga y regresa corriendo para ponerlo a salvo.

Así debemos ser nosotros. Héroes de Dios. Arriesgarlo todo por las almas en peligro, aquellas que han sido heridas por el pecado. Qué grave es nuestro pecado de omisión, cuando las abandonamos a su suerte.

Decía el sacerdote hoy en su homilía:

*"Demos frutos de eternidad, porque estamos llamados a la eternidad".*

# ¿POR QUÉ SEREMOS RECORDADOS?

*¿Por nuestro amor?*

*¿Por nuestra fe?*

*¿Por nuestra vida?*

*¿Por nuestro rencor?*

*¿Por nuestros odios?*

*¿Por nuestros deseos?*

*¿Por nuestro dinero?*

Un sacerdote me dijo una vez:

**"Que de ti se diga:**
**Pasó por el mundo haciendo**
**el bien".**

Me encanta pensar en ello.
Seamos recordados porque iluminamos al mundo, llevando a Jesús en nuestro corazón. Porque tuvimos caridad. Porque amamos a Dios y al prójimo, como a nosotros mismos.

# EL SAGRARIO

*"No es un secreto, mi vida gira*
*en torno al sagrario".*

Cuando era un niño vivía en una ciudad costera de Panamá, llamada Colón. Era un lugar muy agradable. Todo el día te envolvía una suave brisa marina. Frente a mi casa en calle nueve y Avenida Roosevelt estaba la residencia de las Siervas de María y a un costado edificaron una hermosa capilla donde tenían un sagrario para que habitara Jesús Sacramentado. Mi vida cambió cuando tuve conciencia que allí habitaba Jesús, que estaba VIVO y era mi amigo.

Crecí en su presencia, cultivando su amistad. Me casé, tuve hijos y pienso en Él a menudo. Trato de visitarlo a diario y decirle que le quiero. Suelo escribir artículos en diferentes medios católicos y al final suelo poner:

"¿Me permites querido lector pedirte un favor? Cuando vayas al sagrario a ver a Jesús, dile:

*"Claudio te manda saludos".* Ya sabes que me encanta sorprenderlo. Es un gran amigo".

Recibo correspondencia de diferentes países, lectores de mi libro "EL SAGRARIO", uno de los más buscados en su categoría de Amazon. Y a menudo me piden consejos. "¿Qué debo hacer?" me preguntan. No soy bueno dando consejos. Solo escribo y oro para que Dios toque los corazones de mis lectores, transforme sus vidas y les conceda lo que le piden.

A todos, los envío al Sagrario. "Ve al Sagrario y pregunta a Jesús", les sugiero. "En tu parroquia pregunta al párroco por el oratorio donde tiene el Sagrario. Allí guardan las hostias que no han sido consumidas durante la Eucaristía. Cada hostia consagrada es Jesús VIVO".

Suelen ir al Sagrario y a los días me escriben impactados. No pueden creer lo rápido que Jesús respondió sus inquietudes.

Hoy me llamaron desde Costa Rica. Una joven a la que recomendé ir al Sagrario y hablar largo y tendido con Jesús, *prisionero de Amor.*

"Me contestó rápido", dijo asombrada.

Quise hacerle una pregunta:

"Hay personas que me dicen que Jesús no les responde, pero veo que a ti te contestó en pocos días. ¿A qué se debe esto?"

"Cada vez que visito a Jesús Sacramentado en un sagrario de Costa Rica, Él me responde. Siempre es así. He seguido su consejo y ha sido maravilloso. Pienso que Jesús a todos nos responde. A menudo tienes la respuesta, *pero no la quieres escuchar*. El ruido del mundo no te deja. **Hay que hacer silencio y abrir el corazón para poder escuchar".**

Le agradecí profundamente su respuesta. Me impresionó.

*"Hay que abrir el corazón para escuchar".*

Creo que esa es tu respuesta también. Te preguntas qué haces en este mundo, qué quiere Dios de ti, cuál es el propósito de tu vida. Abre el corazón y escucha a Dios. Él te responderá.

***~~~***

# SOY ESPECIAL PARA DIOS

Hay un pensamiento del Padre Fernando Pascual que me encanta. A menudo medito en él:

> "Soy un deseo, un sueño de Dios.
> He salido de sus manos,
> vivo gracias a su aliento,
> sueño porque Él me sueña primero.
> Cada latido de mi corazón,
> cada movimiento de mis pulmones,
> cada reflexión que pasa por mi alma
> son posibles desde ese inmenso,
> misterioso, paterno, Amor de Dios".

*La tristeza no cabe en el alma del que vive en la presencia y la gracia de Dios.*

Estas personas respiran serenidad, paz interior, seguridad. Se saben amados por Dios.

Siguen sus preceptos y sus caminos con alegría y paz, confiando en la Providencia y el Amor del Padre, a pesar de todo y de todos.

Santo Tomás Moro, antes de ser ejecutado, por su fidelidad al Evangelio, le escribió una carta a su hija. Es un testimonio vivo de fe y confianza:

*"Ten, pues, buen ánimo, hija mía, y no te preocupes por mí, sea lo que sea que me pase en este mundo.*

## *Nada puede pasarme que Dios no quiera.*

*Y todo lo que Él quiere, por muy malo que nos parezca, **es en realidad lo mejor.** Aunque estoy convencido, mi querida Margarita, que, si la maldad de mi vida pasada es tal, que merecería que Dios me abandonase del todo, ni por un momento dejaré de confiar en su inmensa bondad".*

\*\*\*~~~\*\*\*

"Les pregunté a unos jóvenes que encontré reunidos en una parroquia:

"*¿Cómo puede una persona saber lo que Dios quiere de él?*"

Ellos me respondieron:

"*Por medio de la oración*".

Cuando iba saliendo el más entusiasmado se me acercó para decirme:

"*Y si un joven le dice que cree que no sabe orar dígale que no se preocupe, igual Dios lo va a escuchar*".

***~~***

# EL APOSTOLADO DEL EJEMPLO

Hace unos años rrecibí un escrito de una joven que me impresionó mucho y lo guardé porque a menudo reflexiono en ello. Me decía:

*"Se burlan de mí porque voy a misa. Pareciera que en mi barrio los jóvenes ya no creen en Dios".*

No sé por qué, pero me nació del alma responderle:

*"Pues ya tienes un apostolado. Ser luz en ese barrio. Iluminar con tu vida los caminos que llevan a Dios".*

*"Pero, ¿qué debo hacer?",* me preguntó inquieta. *"Nada",* respondí, *"Dios lo hará todo. Solamente vive el Evangelio. Sé santa. Tu ejemplo bastará para tocar sus vidas e iluminarlas.*

*Pide al Buen Dios que te haga instrumento suyo, instrumento de su paz, como oraba san Francisco de Asís..."*

# LOS CAMINOS DE DIOS

Los caminos de Dios son estrechos y maravillosos. Cuestan mucho, pero a la vez te llenan de paz y alegría. A san Juan de la Cruz le mostró un camino de sequedad espiritual que describió en su libro titulado "Noche Oscura del Alma".

"De pronto se alejó la devoción sensible. No sentía ningún gusto al rezar y meditar, sino más bien antipatía y rechazo por todo lo que fuera devoción y oración. Llegaron los escrúpulos que hacían ver como pecado lo que no lo era. Y mientras el demonio atacaba con violentas tentaciones, la gente me perseguía con calumnias".

He sabido de muchos que sufren diversas enfermedades y al comprender el valor de las mismas, se ofrecen a Dios, por la salvación de las almas. También sé de muchos que han elegido el sacerdocio al saberse llamados por Dios. Y otros que han escogido formar una familia y santificarse en ella.

Los caminos de Dios son muchos e insondables.

Santa Teresa decía que las aguas, cuando se aquietan y se estancan, se pudren.

El agua debe correr para ser cristalina y pura. Y es que ella se preocupaba más por las religiosas que vivían sin perturbaciones porque eran como las aguas estancadas.

Me parece que Dios hace lo mismo con nosotros. Cuando nos sentimos muy cómodos donde estamos, nos urge: "Vamos... Es hora de ponerse en camino".

¿Te ha ocurrido alguna vez?

Hacemos un alto, sabiendo que debemos comenzar de nuevo. Es una certeza que te llega al corazón.

Le he pedido a Jesús que me ayude a ver más allá de lo que mis ojos pueden ver. A ir más lejos de lo que mi imaginación me permite.

Como siempre, me lo ha dado todo a cuenta gotas, porque si me da lo que necesito de golpe, no podría comprenderlo ni contenerlo.

Somos tan limitados, como un vaso pequeño en el que pretendes vaciar un tanque de agua.

Se me ocurrió de pronto una buena solución. Necesito un envase mayor. Que no esté limitado como yo.

He participado de la misa y durante la comunión le dije a Jesús:

"Ahora somos dos. Tú y yo. Trabajaremos juntos. Y lo que no comprenda, basta que Tú lo sepas y lo haremos a tu manera".

De inmediato las ideas empezaron a fluir, como un río caudaloso, imposible de contener.

Vida, mi esposa, estaba a mi lado. Le pedí un lapicero y empecé a escribir, a retener lo que pude.

Eran tantos pensamientos a la vez, que se desbordaban. Lo imaginé como un rompecabezas. Te dan las piezas, cada una diferente, pero que unidas muestran un cuadro uniforme.

Dios me había dado un rompecabezas para armar.

Me he levantado temprano hoy y aquí estoy, frente a mi computador, armando las piezas, empezando a descubrir el cuadro que debo ver, el que Él ha dejado frente a mí. Como ahora somos dos, es más fácil hacerlo.

Jesús siempre me lleva la delantera. Avanza y me espera sobre una montaña, como diciendo: "Vamos Claudio, acá estoy... Ven".

Y yo acelero el paso y corro hacia Él.

Emocionado me espera y me abraza, como un amigo, cuando llego. "¡Bravo!", me alienta... Y luego de un breve descanso me dice: "Hay mucho camino por recorrer".

Yo, más repuesto, me levanto y le sigo el paso, buscando sus huellas, mientras Él me espera a lo lejos y me llama a la distancia.

Dios te pone en camino. Quiere que tu corazón y tu alma se refresquen y vivas nuevas aventuras. Dios espera grandes cosas de ti. Y la que más le importa es tu amor. Que ames mucho... y a Él, que lo ames más.

***~~***

# ENAMORADOS DE JESÚS

Sabes, no sólo hay que vivir para Jesús, hay que vivir enamorados de Jesús. Yo no me cambio por nadie. Me he hecho amigo de Jesús. Y Él no se hace esperar.

Es de esos amigos que siempre te visitan llevando una gran sonrisa, con las manos repletas de sorpresas y regalos. ¡Un gran amigo! Ese es Jesús. Los santos lo descubrieron. Nos toca a nosotros descubrirlo también. Este es el secreto que quiero compartir contigo hoy.

¿Que en ocasiones eres probado? Y sufres y no encuentras salida a tus problemas... Lo sé. Todos hemos sido probados y lo seremos hasta el día de nuestra muerte. Jesús mismo fue probado. Nosotros no podemos esperar menos. Son pruebas de fe.

El 13 de mayo, cuando Juan Pablo II beatificó a los pastorcillos de Fátima, recordó en su homilía al niño vidente quien sufría mucho al saber cuánto se entristece Jesús por nuestros pecados. Y no escatimaba medios en agradarle para tenerle contento.

A pesar de su corta edad, hacía sacrificios constantes, rezaba por la salvación de las almas y por el perdón de los pecados del mundo entero.

¡Cuánto ofendemos a Dios! Y a Jesús le duele esto. La Virgen, nos urgió por ello con aquél dramático llamado:

*"No ofendan más a Dios,*
*que ya está muy ofendido"*.

Me gusta pensar en Jesús. Me da una alegría especial. Él es muy tierno, te hace saber que está cerca. ¿Te ha ocurrido alguna vez? Conduces el auto y de pronto como una oleada de ternura. Sonríes y le dices: "Jesús, sé que eres Tú". Y Él te dirá: "Sí, Yo soy".

Le encanta que pienses en Él. A veces se siente triste porque no lo visitamos. Queda tan solo en el sagrario. Lo veo en una postal que tengo y le regalo un: "¡Jesús te amo!". Entonces, se pone tan contento. Haz la prueba. Ten contento a Jesús.

*¿Qué le puedo regalar a Jesús para ponerlo contento?*

Ofrécele con una buena confesión, un alma pura. Luego, acércate al Amor de los amores. Y dile una y otra vez:

**"Jesús, yo te amo. Y siempre te amaré".**

No tengas prisas ni temor en decírselo. Entonces participa de la misa y comulga con devoción.

Teniendo a Jesús en tu corazón, dile nuevamente cuánto le amas. ¡No te canses de hacerlo! Él merece esto y más, mucho más.

Una vez alguien me preguntó: "¿Por qué lo haces? ¿Por qué escribes sobre Jesús?".

"Hay un fragmento, de una oración hermosa", le dije, "que responde todas estas inquietudes tuyas y mías":

*"Señor, en un instante **me has conquistado** y ya no podré olvidarte. Has barrido mis dudas. Mis temores volaron. Te reconocí sin verte. Te sentí sin tocarte... Tú eres demasiado grande y eclipsas cualquier cosa".*

Es maravilloso vivir así...

## LA GRACIA

Hoy estuve en misa y pensé: *"Si muero aquí, en este momento, sería feliz. Éste es el Paraíso"*. Me he dado cuenta del valor inmenso de la Eucaristía, de participar en *estado de gracia*.

Nada hay tan bueno como vivir en gracia de Dios. Porque si lo haces, Él estará presente siempre, contigo, a tu lado, cuidando cada paso que das.

Te daré una receta que me han pedido mucho para estos días de la Jornada Mundial de la Juventud en Panamá. Es un antídoto maravilloso. Lo usan los jóvenes, los adultos, los ancianos... Es un antídoto para la incomprensión. Para todos aquellos que viven sin ilusiones, para los que ven decaer su fe, para los que han abandonado a Dios. Para los que no han encontrado su camino.

*El antídoto es el amor.*

Toma tres cucharadas soperas al despertar, cinco después del almuerzo y dos antes de dormir.

A la mañana siguiente, estarás renovado.

En la oración y la certeza de Dios, hemos encontrado la fortaleza para superar los momentos de dificultad.

He logrado salir adelante con la gracia de Dios.

Por pura gracia. Y por Su bondad.

Es como si constantemente te dijera:

*"¡Vamos! Yo estoy contigo.*

*Dame la mano, **confía en Mí***".

# LA CARTA

En cierta ocasión me escribió un amigo con el que solía cartearme. En aquellos días no existía el Internet y escribíamos cartas. Él pasaba por múltiples dificultades y yo trataba de animarlo. Un día, en una de sus cartas me dijo: "No me hables más de Dios. Dios no necesita al hombre".

Me quedé pensativo, quería responder y no sabía cómo. No dejaba de pensar:

"¿Por qué Dios necesita al hombre?"

Pasé toda la mañana buscando una respuesta aceptable sin encontrarla. Por la tarde fui a una misa del lugar donde laboraba. Una vez al año íbamos para agradecer a Dios sus beneficios.

Recuerdo que mientras iba a la Iglesia seguía buscando respuestas para la inquietud de mi amigo.

El sacerdote leyó el Evangelio y se paró frente al estrado para la Homilía. Entonces, súbitamente, dijo lo más sorprendente que pude escuchar: "Muchos se preguntan si Dios necesita al Hombre. Y no encuentran respuestas.

Les diré por qué Dios necesita al hombre" …

Yo no podía creer lo que ocurría. Era sorprendente. Comparó al hombre con la luna que refleja en las noches la luz del sol. Dios necesita al hombre para reflejar su amor a los demás. Al terminar la misa fui a la sacristía y le conté al sacerdote.

Quedó tan sorprendido que llamó a los que estaban cerca: "Oigan, vengan a escuchar esto".

Y volví a narrar lo ocurrido para sorpresa de todos.

# LA PRESENCIA DE DIOS

Seguramente en algún momento te pasará. Y si no fue así, pide esa gracia y Él te la concederá.

De pronto experimentas Su presencia sobrenatural y no sabes qué hacer. Es algo que te impacta y sobrepasa tu entendimiento. Te inundan la paz... y un gozo que se desborda en tu alma. Es como un río caudaloso que te inunda. Es una vivencia interior, íntima, y muy pocos a tu alrededor se dan cuenta de lo que ocurre.

Los frutos de esta experiencia son increíbles. De pronto, amas sin distinciones, los amas a todos, al que te hizo daño, al que no ama, al pobre, al enfermo.

Perdonas con facilidad. Es como si Dios te quitara las fuerzas para odiar. Y sientes la urgencia de darte a los demás, gritarle al mundo: ***"Dios está vivo. Y nos ama"***. De alguna forma, sabes que es Él.

Lo intuyes y sientes... Y comprendes que cada uno tiene un propósito por descubrir. Ninguno está al azar.

Todos somos hijos de Dios, amados por Dios. Tú también.

Siempre me impresiona aquella historia que una vez leí sobre la Madre Teresa de Calcuta. Encontró a una niña muy pequeña, tiritando, hambrienta, pidiendo limosna y todos pasaban frente a ella sin mirarla siquiera. Muy molesta le inquirió a Dios por qué no hacía algo. ¿Por qué permitía aquello? Cuenta la Madre: *De momento, la pregunta quedó sin respuesta, pero por la noche, en el silencio de mi habitación, pude oír la voz de Dios que me decía:* ***"Claro que hice algo para solucionar estos casos. Te he hecho a ti".***

Me he dado cuenta que el mundo está sediento del Amor de Dios. Hay mucho sufrimiento a nuestro alrededor, Resentimientos, tristezas... pero también hay alegrías y emociones bellas.

No recuerdo quién me dijo que la vida es como una ensalada, hay de todo en ella. Pero le falta el aderezo, lo que le da sabor. Y son nuestras buenas obras. Creo que tenía razón.

# INSTRUMENTO DE TU PAZ

Hace unos días desperté rezando: *"Señor, hazme un instrumento de tu paz…"* A veces la vida nos sumerge en situaciones difíciles, inesperadas, que no deseamos, pero que debemos afrontar. Y no sabemos cómo.

Seguí orando:

*"Señor… Hazme un instrumento de tu paz…"*

Y me marché al trabajo. Allí tuve algunas inquietudes y me hice muchas preguntas… Me llené de muchos "¿por qué?". Un amigo me pregunto: "¿Qué te ocurre?" "Tengo muchas preguntas", le respondí. "Y voy a ver al que tiene las respuestas".

Salí unos minutos para ir a una capilla cercana, donde estaba el Santísimo. Entré saludando: "Hola Jesús".

Y me quedé un rato con Él, preguntándole… Por respuesta: un silencio abrumador. Recordé las palabras que un amigo sacerdote me dijo: "Desde el Sagrario, Él te ve y Él te oye". Y yo pensé que no me veía y no me escuchaba. Cuando me monté en el auto para volver a mi trabajo inicié este diálogo conmigo mismo, como si otra persona a mi lado me preguntara: "¿Encontraste tus respuestas Claudio?" "No… Jesús no respondió mis preguntas".

Me quedé un rato en silencio y continué:

"Curiosamente, siento una gran Paz. Una paz interior que no esperaba y que sobrepasa lo que soy capaz de contener".

"¿Acaso olvidaste estas palabras de Jesús?: Mi paz os dejo, mi paz os doy… Él te da lo que necesitas, no siempre lo que pides."

En ese instante comprendí. Quedé tan impresionado que saqué mi vieja libreta del bolsillo de mi camisa y escribí esta vivencia.

Me pasé la mañana pidiéndole: "Hazme un instrumento de tu Paz".

### ¡Jesús sí respondió!

Y de la manera más impactante que puedas pensar.

Sabes, no podemos dar lo que no tenemos. No puedo ser instrumento de algo que no tengo. Y aquella dulce mañana, Él me dio su Paz.

# ¿CÓMO ERES?

A veces Dios se hace presente en nuestras vidas de formas inesperadas. Y sacude nuestras almas como un arbusto, para que caigan las hojas secas y te fortalezcas en tu fe.

Hace unos días me desperté en la madrugada. Me di cuenta que inconscientemente rezaba. No sé si te ha ocurrido, es un estado curioso, en el que no has despertado del todo... y te encuentras rezando. Yo rezaba y daba gracias a Dios por su bondad, por haberme creado, por su Misericordia y la enorme paciencia que ha tenido conmigo.

Suelo equivocarme con frecuencia. Cometo muchos errores y esto es suficiente para que alguien se me acerque sorprendido y exclame:

"¿Usted no es el que escribe los libros católicos?".

No imaginas la cantidad de veces que me ha ocurrido y seguramente pasará. Y es que somos simples humanos, personas en camino, que anhelamos a Dios. Pero esto no nos hace santos.

Esa noche me ocurrió algo extraño, que no he llegado a comprender del todo. De pronto, súbitamente me vi como era, no como pretendo que otros me vean, sino como Dios me ve. Su luz penetra en tu interior y te descubre cómo eres.

Él ilumina los lugares más oscuros y escondidos, aquellos que te avergüenzan. Aclara tu alma y te permite ver, en una fracción de segundo, todo tu ser.

Es como si caminaras por un bosque oscuro, a tientas, sin la luz de la luna... y de pronto un rayo muy luminoso, sobrenatural, te brinda la luz más blanca, pura y brillante que jamás has visto.

En esa fracción de segundo todo el bosque, todas las montañas y el cielo, se iluminan de forma majestuosa y eres capaz de ver hasta el más mínimo detalle, la más pequeña de las hormigas, las diferentes piedrecillas, los árboles frondosos... Eso fue lo que me pasó.

Por un instante vi al Claudio que soy. No me sentí a gusto. Pasé el resto de la noche pidiendo a Dios perdón por mis pecados.

He pensado que si nos salvamos es por la Misericordia de Dios y su bondad infinita.

Al día siguiente fui temprano a confesarme y recuperé la gracia. Suelo decir: "Si pierdo la gracia, lo pierdo todo".

Aprendí que no debo juzgar por nada a nadie, porque todos somos pecadores.

Por eso debo amar y dar consuelo sin distinguir a nadie. El amor debe ser para todos.

Debo amarlos a todos.

¿Alguna vez lo has pensado?: "¿Cómo te ve Dios?".

Desde aquella noche, suelo repetir esta antigua y bella plegaria:

*"Señor Jesucristo, hijo de Dios,
ten piedad de mí, que soy un pecador".*

# UN BICHO RARO

Ya perdí la cuenta de cuántas veces preguntan: "¿Qué le pasa a Claudio?" Me han llamado: "bicho raro", incluso una vez un amigo me dijo: "pareces un marciano". Lo cierto es que a veces me siento así, un bicho raro en este mundo. ¿Te ha pasado?

En ocasiones tomo un descanso y analizo las cosas. Trato de entender el camino, los porqués. Y es que hay que extender nuestros pensamientos más allá de lo humano y llegar a lo espiritual. Pensar en términos de eternidad.

Cuando reflexionas en la eternidad, comprendes los motivos de Dios. Si comparas lo terrenal que es pasajero, con el alma que es eterna, te das cuenta que *lo eterno pesa más, vale más y es mejor.*

Recuerdo de niño un juego con una cuerda. Un grupo de niños jala hacia un lado, el otro jala hacia su lado. Gana el que logre hacer que el otro grupo de niños cruce una línea que se coloca en el centro.

Así es nuestra vida, de un lado jalamos hacia lo material, del otro lado jalamos por lo espiritual.

He notado que este tipo de vida se entiende poco, tal vez porque aún estamos agarrando nuestra cuerda del lado equivocado.

***Yo elijo lo eterno, lo espiritual.***

Sin embargo, ante las dificultades, muchas veces flaqueo y me decido por lo temporal.

Son los tiempos en que se prueba nuestra fe.

\* \* \*

*¿Creeremos lo suficiente para **confiar** en Dios, a pesar de todo?*

Una vez un conocido me preguntó:

*"¿Acaso te crees especial?"*

"Por supuesto", le respondí.

"Como tú, soy hijo de Dios, y eso nos hace especiales a todos".

# SI NO ORAMOS

Me parece que era san Benito quien decía: *"Debemos reflexionar para saber lo que nos conviene y orar para obtenerlo"*.

Me impresiona saber que Dios habita en nosotros, que somos templos de Espíritu Santo, y que, en esta vida, a pesar de ser barro, nos sostenemos con la oración.

Si no oramos, el corazón se nos enfría, perdemos la esperanza, la cercanía con Dios. He conocido personas que han sido ejemplo toda su vida y de pronto, abrumados por los problemas cotidianos, abandonan la oración y caen.

San Alfonso cuenta el caso de un monje muy santo llamado Justino. Era piadoso y fervoroso. Un día fue llevado ante la presencia del Sumo Pontífice, el Papa Eugenio IV, quien, admirado por sus virtudes, le dio un abrazo y lo sentó a su lado.

De vuelta al monasterio el fraile empezó a sentir que no le trataban con la dignidad que merecía, pues estuvo sentado al lado del Papa.

Descuidó la oración, se llenó de orgullo y se marchó de la comunidad. Al tiempo abandonó nuestra santa religión y terminó sus días en una cárcel miserable.

Con cuánta facilidad podemos caer. Sobre todo, cuando sentimos desgano en la vida espiritual y la vamos dejando de lado con la oración. Por algo San Josemaría escribió: *"La conversión es cosa de un instante; la santificación es tarea para toda la vida"*.

Cuenta también san Alfonso la historia de un famoso santo que oyó en sueños a un demonio que decía muy contento:

*"Siempre que llevo tentaciones a cierto individuo, lo venzo y lo derroto, porque no reza pidiendo ayuda"*.

Somos tentados cada día. Y las fuerzas a veces parecen que no bastan. El enemigo de las almas conoce nuestras debilidades y sabe dónde golpear, por eso debemos orar con insistencia.

Me gustaría tener contento a nuestro Señor. Hacer las cosas para agradarle. Vivir en su presencia amorosa. Y dar ejemplo con nuestra vida personal y familiar. Al menos lo intentaré.

# CUANDO DIOS TE HABLA
## AL CORAZÓN

A veces siento que Dios pone en mi corazón una palabra, un gesto, un signo, para que pueda seguir adelante. Y es que somos tan frágiles y nuestra fe flaquea tanto que necesitamos esa voz de aliento que nos dice en el silencio: "Animo. Yo estoy contigo".

Ayer durante la misa, me encontraba preocupado. Sabes, la vida no siempre es sencilla. "Señor", le dije" "Ayúdame". Entonces me vino a la mente una historia edificante del Antiguo Testamento (2 Reyes 6, 11-17). ¡Fue increíble! Corrí a casa y la busqué en la Biblia. *Esto te va a sorprender...*

El rey de Aram estaba en guerra con Israel, y cada vez que trataba de atacarlos por sorpresa, el profeta Eliseo advertía a su pueblo donde serían atacados.

Ocurrió entonces que... "El rey de Aram se preocupó mucho por eso; convocó a sus servidores y les dijo: *«Díganme quién de nosotros está con el rey de Israel»*.

Uno de sus servidores respondió: «Nadie, señor rey, sino que es Eliseo, el profeta de Israel, quien revela al rey de Israel hasta las palabras que pronuncias tú en tu cuarto al acostarte».

El rey le dijo: ***«Vayan a ver dónde está para que lo detengamos».*** Le informaron que estaba en Dotán. Entonces el rey despachó para allá abajo caballos, carros y un numeroso destacamento; llegaron de noche y cercaron la ciudad. El sirviente del hombre de Dios se levantó muy temprano y, cuando salió, vio que un regimiento rodeaba la ciudad con sus caballos y carros.

El muchacho dijo a Eliseo: «¡Ay, señor mío! ¿Qué vamos a hacer?» Le respondió: «No temas, porque los que están con nosotros son más numerosos que los que están con ellos».

Eliseo se puso a orar: «Yahvé, abre sus ojos para que vea». Y Yahvé abrió los ojos del joven, quien vio la montaña cubierta de caballos y carros de fuego que rodeaban a Eliseo".

Me he reído a gusto con esta historia. Y me he sorprendido, por el temor del muchacho, porque es como nosotros, y por la seguridad de Eliseo, que tiene la certeza de Dios. Me he reído, pero ha sido por la alegría inmensa de saber que Dios nos cuida.

No estamos solos. Dios está con nosotros. Y vela por nuestro bienestar.

*"Como un padre siente ternura por sus hijos, siente el Señor ternura por sus fieles" (Sal 102, 13).*

Dios te envuelve con su amor. ¿Acaso no te das cuenta? Mira a tu alrededor. Allí está. Mira en tu interior. Allí habita.

Hay que verlo con la certeza de la fe. Lo sé bien. Después de tantos años buscándolo, lo encontré donde siempre estuvo, en mi interior, en su creación, en mis hermanos.

*¿Estás desesperado?* Tal vez Dios te ha estado hablando y no lo escuchaste. Tal vez no te diste cuenta que no estás solo.

**Dios va contigo, a tu lado, en ti. Y te ama.**

Él tiene algo importante que decirte. Si esta vez te decides y pones atención, lo escucharás con la claridad del viento, con la fuerza de una tormenta, cuando con amor infinito de dice al oído:

*"**No temas**, porque yo te he rescatado; te he llamado por tu nombre, tú eres mío...*

*Para rescatarte, entregaría a Egipto, Etiopía y Saba, en lugar tuyo. Porque tú vales mucho a mis ojos, yo doy a cambio tuyo vidas humanas; por ti entregaría pueblos, **porque te amo y eres importante para mí"** (Is. 43, 1-4).*

Debes aprender a reconocer Su voz. Estos días de lectura, reflexiones y encuentros, de cercanía con Dios, te ayudarán. Es como un suave susurro que te da paz y serenidad, te llena de alegrías y esperanzas. Muchos aún no la conocen y dejan pasar las inspiraciones que les llegan al corazón.

Dios te habla de muchas maneras. El silencio es una de ellas, la más intensa. También te habla a través de la naturaleza, en los eventos cotidianos, en las enseñanzas de la cruz, y en ocasiones con algo, un no sé qué, muy hondo, dentro de ti, que te invita a creer.

*¿Qué hacer cuando nos llama Dios?* La respuesta es sencilla. Busquemos en la Biblia:

"El joven Samuel estaba al servicio del Señor con Elí. En aquel tiempo era raro oír la palabra de Dios, y las visiones no eran frecuentes.

Un día Elí permanecía acostado en su habitación. Sus ojos se habían debilitado y ya no podía ver.

La lámpara de Dios todavía no estaba apagada, y Samuel dormía en el templo del Señor, donde estaba el arca de Dios. El Señor lo llamó:

"¡Samuel, Samuel!". Él respondió: "Aquí estoy". Fue corriendo donde estaba Elí y le dijo: "Aquí estoy, pues me has llamado". Elí dijo: "No te he llamado; vuelve a dormir". Y Samuel fue a acostarse. Por segunda vez lo llamó el Señor: "¡Samuel!". Y Samuel se levantó, fue adonde estaba Elí y le dijo: "Aquí estoy, pues me has llamado". Elí respondió: "No te he llamado; vuelve a acostarte, hijo mío". Samuel no conocía todavía al Señor, pues la palabra del Señor todavía no se le había revelado. Por tercera vez lo llamó el Señor: "¡Samuel!". Se levantó, fue adonde estaba Elí y le dijo: "Aquí estoy, pues me has llamado". Comprendió entonces Elí que era el Señor el que lo llamaba, y le dijo: "Vete a acostarte, y si te llaman, dirás: Habla, Señor, que tu siervo escucha". Y Samuel fue a acostarse. El Señor se presentó y lo llamó como otras veces: "¡Samuel, Samuel!". Samuel respondió: *"Habla, que tu siervo escucha"*. (1 Samuel 3, 1-10)

*La paz en el corazón proviene del perdón. Por eso hay que perdonar y ser perdonados.*

# REFLEXIONES

## 1

Cuando tengo dudas y siento que voy a extraviar el camino, suelo reflexionar en este bello pensamiento de una santa religiosa, Sor María Romero: *"De tal manera es el amor de Dios, de tal manera es firme, que nadie puede arrebatar la obra en que Él ha puesto su sello propio, con su carácter definitivo en las almas".*

## 2

Es tan dulce la presencia de Dios. Te llena de serenidad y alegría.

Sin embargo, en ocasiones preferimos dejarnos llevar. Caemos en la tentación y pecamos. ¿Por qué?, si es tan agradable estar en la cercanía de Dios, sabernos protegidos, amados... Le pregunté a un amigo catequista y me respondió tocándose el antebrazo: "la carne".

"Es verdad", reflexioné. "Tal vez convenga ser menos carne y más espíritu. Pensar en nuestra alma, nutrirla con los sacramentos y la oración. Tener presente la Eternidad".

## 3

San Félix solía recomendar:

*"Amigo, la mirada en el suelo, el corazón en el cielo y en la mano, el santo Rosario".*

Nos falta tener presencia de Dios.

Todo sería tan diferente… si nos decidiéramos a vivir en su presencia.

## 4

La vida está llena de caminos. Yo opté por el camino de Dios.

A veces resbalo y caigo a un costado saliéndome del camino. Entonces Dios envía alguna persona que me ayuda a continuar.

Descubres tantas personas en este camino. Emocionadas te hablan de Dios y te cuentan sus experiencias. Se han decidido por Dios. Viven a plenitud la gracia. Disfrutan pasar ratos en silencio y tener momentos de intimidad con el Buen Dios.

La oración es parte de sus vidas. Reflexionan en las vivencias cotidianas que tienen con Dios.

Sienten, palpan, y descubren la presencia de Dios en medio de ellos.

Su mayor alegría es hacer la Voluntad del Padre. Aceptar de buen agrado lo que Dios les mande.

Son tantos.

Los encuentro caminando cerca de mí. Emocionados compartimos nuestras experiencias, casi todas sobre el Amor y la Ternura de Dios.

5

*Hoy he pensado:*

¿Para qué nos sirven los ojos?
Para ver las maravillas que Dios creó.

¿Para qué nos sirven las manos?
Para abrazar y llevar bondad a los demás.

¿Para qué nos sirven los pies?
Para ir donde nos necesiten.

¿Para qué nos sirve la boca?
Para hablar de Dios a los que no le conocen.

¿Para qué nos sirve el cuerpo?
Para alabar a Dios, que nos creó y nos dio la vida.

## 6

Recuerdo a un amigo que se emocionaba hasta las lágrimas cada vez que mencionaba a Jesús y nos contaba sus aventuras. Una vez nos dijo: "El día que muera hagan una gran fiesta".

Lo comenté en el trabajo y una muchacha me preguntó: "¿Por qué? ¿Tan mal le va?"

"Al contrario", le dije sonriendo, "la fiesta es porque anhela estar con Él".

## 7

Hoy pasé por un taller de mecánica. Adentro tenían varios autos desarmados.

Un mecánico trataba inútilmente de darle ignición a uno de ellos.

He pensado que soy como uno de esos viejos autos, oxidado, mal calibrado. Y le pedí a Dios: "Sé Tú mi mecánico. Ya ves que necesito refacciones. Tengo gastada la esperanza, hay que restaurarme la fe, y necesito refacciones para andar. Haz que funcione bien, para poder llevarte a donde me pidas".

Entonces hice esta corta oración: "Señor, yo pondré lo que tengo, pon Tú lo que falta".

## 8

Hace poco un joven se me acercó y me preguntó: "¿Qué quiere Dios de mí?"

La respuesta la tenía en mis labios:

"Que seas feliz".

"¿Y cómo puedo ser feliz?"

"Siendo santo. Los santos son felices".

"¿Y cómo puedo ser santo?", preguntó.

"Haciendo la voluntad de Dios", le respondí.

"¿Y cuál es la voluntad de Dios?"

"Que ames, eso es todo. Que ames mucho, que ames más".

## 9

Una vez leí algo que me hizo reflexionar en la tentación. Sobre todo, si se presenta tan agradable a la vista y los sentidos. Tan dulce y apetecible. Y pensamos: "No hay nada malo en esto".

Es una analogía maravillosa:

*"Aprende a ver no sólo el gusano.*
*Mira también el anzuelo".*

## 10

Dios quiere que seas bueno. Y luego, que seas santo.

## 11

Esta semana me he puesto a reflexionar en la tentación. Siento que debo escribir sobre ella.

Me sorprende ver cómo puedes hundirte en el pecado con tanta facilidad, o fortalecerte en la fe, si soportas la tentación y sales triunfante, aunque golpeado y herido. Es una herida que sana lentamente.

A mi edad, he comprobado que Dios siempre te envía la ayuda oportuna, cuando se la pides.

Está de tu lado. A tu lado. En ti.

## 12

En la gracia ocurren los milagros. Por ello, los santos de la Iglesia eran tan bendecidos.

En la gracia, el cielo y la tierra parecen unirse, ser uno. Y no sabes diferenciar lo eterno de lo temporal, porque se vive en la presencia de Dios.

En esos momentos Dios se complace sobremanera con sus hijos amados y les da en abundancia, pidan o no pidan, necesiten o no necesiten. Él se complace en consentir a los suyos.

13

Dios nos habla de muchas formas, sólo hay que saber entenderlo: "Teniendo el corazón dispuesto".

Estoy aquí y susurro algunas palabras mientras escribo. Como te contaba en el inicio del libro, vine a buscar respuestas. "¿Qué debo hacer Señor?", le preguntaba, "¿dónde debo buscar mis respuestas?"

De pronto recordé unas palabras que me dijo ayer un amigo sacerdote y miré hacia el altar.

Había una inscripción bajo el Sagrario, escrita en letras de bronce.

"CHARITAS CHRISTI URGET NOS".

Ya la conocía, "el Amor de Cristo nos apremia". Yo preferí entenderlo como:

*"Nos urge la caridad de Cristo"*.

Pensé mucho en esto. Me hizo recordar aquella frase de San Juan de la Cruz:

"Donde no hay amor, pon amor y encontrarás amor".

Tal vez esta era la respuesta que buscaba.

***~~***

# PARA QUÉ ESTAMOS AQUÍ

Alguien me comentó con tristeza que su vida se perdió. "Al contrario", repliqué, "has vivido plenamente. Y lo mejor está por llegar".

Soy optimista porque entre las dificultades y los retos, prefiero que sean retos. Entre la tristeza y la alegría, prefiero la alegría. Nadie está exento de una que otra prueba, algunas más hondas, duras… casi imposibles de enfrentar.

Recuerdo a un amigo que llevó un familiar al hospital, porque a éste le dolía el pecho. En el camino le suplicó: *"Por favor, ayúdame, no quiero morir. Hay tanto que he dejado de hacer"*. Tomó su mano y en ese momento falleció. Algunos esperan los últimos momentos para valorar sus vidas y pensar en lo que pudieron hacer. Yo creo que vale la pena mirar con tiempo a nuestro alrededor y darnos cuenta:

*¡Estamos vivos! ¡Qué maravilla!*

La vida es demasiado corta y es para vivirla, disfrutar cada pequeño instante, hacer el bien, compartir lo que tenemos, amar. Por eso, me he propuesto, a pesar de mis muchas imperfecciones:

"Hacer todo el bien que pueda, a todo el que pueda".

Darle sentido a mi vida. Y, ¿cómo lograrlo? No tienes idea de cuánto he reflexionado en ello. He buscado en tantos lugares. Pasan los años y te preguntas los porqués de la vida. No somos perfectos. Cometemos errores casi a diario. Y sin embargo parece que la vida es por algo que está más allá de nosotros mismos.

¿Por qué? ¿Para qué vivimos?

Encontré mis respuestas en un texto de un santo chileno al que admiro muchísimo, san Alberto Hurtado. Un pensamiento suyo que lo dice todo, aclara nuestras dudas y nos llena de esperanza:

¿Ves que sencillo? Esa es la respuesta.

*"¿Qué sentido tiene la vida? ¿Para qué está el hombre en este mundo? El hombre está en el mundo, ¡Porque alguien lo amó!: Dios. El hombre está en el mundo para amar y para ser amado".*

## DIOS TE NECESITA

Seguro sabes que sin la oración estamos perdidos, ¿verdad? Tal vez allí reside el problema. Oramos poco. Si no oras con fervor, sin ratos de oración y momentos de contemplación ante el sagrario no podrás encontrar esa respuesta que buscas. Siempre he pensado que rezar es permanecer en la presencia de Dios. Hablas con alquilen que te ama desde una eternidad, ha perdonado tus muchos pecados y sólo desea tu bienestar. ¿Quieres respuestas? Ve al sagrario y habla con Jesús. Él te llama, te busca, te necesita.

Hace unos días pensé en ti. No te conozco, pero imagino lo que sientes. El desaliento suele ser nuestra mayor tentación. Quisiéramos dejarlo todo y dedicarnos a nosotros. Después de tanta entrega nos preguntamos para qué, si total, pocos lo agradecen. Suele ocurrir en grupos parroquiales, hasta a los sacerdotes les pasa en un momento de soledad. Al momento de escribirte recordé las veces que me he visto tentado a dejar de escribir. Curiosamente, Dios siempre me ha salido al encuentro y he continuado, a pesar de mi debilidad. Entonces me dije: *"En este momento ¿alguien estará du-*

*dando?"*. Y me vinieron estos pensamientos, como si el mismo Jesús te hablara: *"¿Por qué me abandonas? ¿No sabes que te amo y te necesito? Necesito tus manos para consolar al afligido, tus pies para llevar mi Palabra, tu voz para hablar de la esperanza, tu corazón para mostrar al mundo la pureza; tu fe, para incendiar al mundo y tu amor, para ser consolado. Si me dejas, ¿a quién enviaré? ¿No crees que vale la pena el sacrificio? La vida es tan corta. Dedícamela a mí. Yo sabré recompensarte"*.

**No hay mejor amigo y compañero de viaje que Jesús. Lo sé por experiencia.** Hay personas que rezan constantemente, con la naturalidad del que desayuna o conduce un auto. Lo hacen con una facilidad asombrosa. Para ellos es sencillo ponerse en la presencia de Dios, estar con Él, hablar con Él. Esta mañana quise tener la experiencia y mientras todos desayunaban salí a caminar rezando el Rosario. A cada momento encontré algo que distraía mi atención. Y me detenía. Me sonreí al notar lo distraído que soy.

Una vez me ocurrió algo insólito de lo que aún me río. Sabes, nací en Colón, una ciudad costera en Panamá, por tanto, soy colonense.

Recuerdo que me encontraba en Misa y cuando terminaba, noté una Biblia abierta al lado del altar. Al concluir la eucaristía me animé a leer el pasaje bíblico que estaba frente a mí. Me levanté y caminé hacia allá.

"Vamos", me dije, "Dios te quiere hablar".

Me acerqué y leí asombrado:

**"Carta a los colonenses".**

"¡Cielo santo!" exclamé. "Esto es para mí. Yo soy un colonense".

Al cabo de un rato volví a leer, esta vez más pausadamente. Decía: ***"Carta a los Colosenses".***

*Todavía me sonrío al recordarlo.*

\* \* \*

# Es un hecho...

*"Sin la oración estamos perdidos".*

# UNA BUENA CONFESIÓN

No me hago ilusiones. Me sé pecador, como otros, como cualquiera. Esta es mi condición: soy hijo de Dios y a menudo camino con el alma manchada, sucia, pestilente. Aún así, me considero afortunado.

*Las gracias sobreabundan*, para los que quieren recibirlas. Por eso suelo confesarme cada quince días. Sé que el más leve pecado ofende a Dios, lo entristece. Y yo quiero tenerlo contento. También me duelen mis pecados.

Sé que Dios nos quiere santos, porque desea vernos felices. Sabe que los santos, por la gracia que portan, son inmensamente felices. Viven cada instante en la presencia de Dios. Lo saben a su lado, en ellos. Esta certeza les da la serenidad y la fortaleza que necesitan para compartir sus experiencias y seguir adelante. Sorprende el Amor que Dios les da, para amar y vivir el Evangelio.

Pero, ¿quién puede ser santo en estos días?

Un sacerdote amigo me dijo estas palabras que son muy consoladoras: *"Santo no es el que nunca cae, sino el que siempre se levanta"*.

Lo he pensado mucho. Trato de levantarme cada vez que caigo y le pido al buen Dios me conceda la gracia de su Amor. Sé que, teniendo su amor, será más difícil que caiga. El que ama hace lo correcto, lo que le agrada a Dios. Ese amor lo guarda y protege. Le muestra el camino y lo ayuda a perseverar.

Cuando amas a Dios no quieres ofenderlo, sino amarlo más. Vives *"pedacitos de cielo"* estando en la tierra.

Un amigo que encontré en la fila del banco hace unos días me dijo emocionado: *"Me he encontrado con Dios. Decidí cambiar mi vida. Hice una confesión sacramental que me liberó de mis cargas. Fue como si tomara una piedra enorme, muy pesada y me la quitara de los hombros. ¡Qué alivio!"*.

No es el primero que me lo comenta. He sabido de muchos que vivieron alejados de Dios, por años. La tristeza de sus pecados les consumía. Hasta que llegó el día de la gracia.

Se confesaron con un sacerdote y empezaron una nueva vida. Les comprendo perfectamente. Es increíble lo que ocurre en cada confesionario. Un sacerdote y un penitente. Y Jesús en medio, consolando, abrazando, diciéndote emocionado: *"Eres especial para mí. Y te amo desde una eternidad"*.

Lo que me ilusiona de cada confesión es saber que limpio mi alma, que Dios me perdona y olvida todo el mal que hice. Haz la prueba.

Es una gran oportunidad que se te brinda.

Estas palabras pronunciadas por el sacerdote me llenan de júbilo y agradecimiento:

> *"Tus pecados han sido perdonados.*
> *Vete y no peques más".*

Salgo del confesionario renovado, feliz, con el alma limpia, agradecido por esta nueva oportunidad de vida. Y le pido a Dios las fuerzas, la gracia que necesito, para no pecar más.

"Señor, ¡no puedo más!"

"¡Animo! Yo estoy contigo"

# ¿QUÉ ES LO QUE DIOS QUIERE DE MÍ?

Hace poco le escribí a mi amigo argentino, Horacio Mantilla. Le hice la pregunta que nos hacemos a diario. Me agradó tanto su respuesta que decidí compartirla contigo.

¿Qué es lo que Dios quiere de mí? Menuda pregunta, fácil de responder en el corazón y difícil de poner en práctica, porque no estamos totalmente decididos a jugarnos por Él.

La vida es una constante lucha entre lo que quiero ser y lo que soy. Quiero ser buen hijo, padre y compañero; quiero ser buen cristiano y como me baso en mis pocas fuerzas, todo se va por un agujero. ¿Por qué? Porque no dejo que Dios actúe en mi vida. *¿Qué nos falta?* Confiar en su Palabra, plenamente. Cuando nos dejamos llevar por su mano cariñosa, y hacemos lo que Él nos pide, aunque las cosas no salgan como quisiéramos, la vida se transforma a nuestro alrededor y cobra sentido. *¿Qué quiere dios de mí?* Es la pregunta que define mi vocación, que delinea mi vida, que me hace feliz o infeliz, dependiendo de la opción que asuma. ¿Qué quiere Dios de mí? Que reconozca mi error y crea en su Misericordia; que empiece una y mil veces de nuevo. Porque lo más importante no es caer sino levantarse y seguir hacia adelante.

¿Y si lo que hago está dando sus frutos y no los veo?, ¿qué quiere Dios de mí? Que no me acongoje por ello, ya que los frutos se verán al tiempo de la cosecha.

Cuando el labrador siembra el trigo no se pregunta si el grano está sufriendo en su proceso transformador, más bien está atento a cada etapa del crecimiento, para aportar aquello que esté faltando.

¿Qué quiere Dios de mí? Que no me preocupe por la cizaña que está en el sembradío.

¿Qué quiere Dios de mí? Que sepa alabarle, y amarlo; que no le olvide arrumbado en el Sagrario, que lo comparta con todos aquellos que conozco o no; que hable con mi vida de lo bueno y maravilloso que Él es conmigo, de cómo me protege, me consiente, me instruye, me guía... y de cómo reclama mi amor, su Amor.

¿Qué quiere Dios de mí?

Que sea su hijo

Que tenga fe.

Que no pierda la esperanza.

Que confíe en Él.

Que lo soporte todo con paciencia, templanza y fortaleza.

Que tenga misericordia.

Que lo ofrezca todo por su Amor.

Que luche por ideales, y valores que parecen olvidados.

Que sea un reflejo suyo, en mi vida, todos los días.

Y que lo lleve a los demás.

# ACUDIR A MARÍA

Debemos imitar a los santos en todo, pero sobre todo en esto: Acudir a María. La devoción a la Virgen María es algo que los ha caracterizado a todos.

San Bernardo nos dejó esta bellísima oración para recibir de la Virgen su protección y consuelo en los momentos de aflicción, cuando las tentaciones nos aflijan y cuando pasemos por momentos de dificultad y no sepamos qué hacer.

Te recomiendo que la copies y la lleves siempre contigo.

*"Acuérdate Oh piadosísima Virgen María, que jamás se oyó decir que hayas abandonado a ninguno de cuantos han acudido a tu amparo, implorando tu protección y reclamando tu auxilio.*

*Animado con esta confianza, también yo acudo a ti, Virgen de las vírgenes, y gimiendo bajo el peso de mis pecados, me atrevo a comparecer ante tu soberana presencia. No desprecies mis súplicas, Madre del Verbo Divino, antes bien, óyelas y acógelas benignamente. Amén."*

# HOY DIOS TE BUSCA

Tal vez no te diste cuenta. No lo escuchaste porque estabas en el teléfono móvil distraído, mirabas los vitrales de una iglesia, conversabas, o pensabas en las dificultades que atraviesas y te llenan de zozobra. *Hoy Dios te ha llamado.*

En medio del barullo y el ruido Dios te llamó. Te pide que lo dejes todo por Él, que le des tu vida, que la gastes en algo grande, más grande de lo que puedas imaginar. Quiere que seas Su enviado, Su mensajero y le muestres al mundo Su amor de Padre, lo Misericordioso que es con nosotros. Desea que te conviertas en un faro que guíe a los demás, e ilumines la oscuridad del mundo.

Desde que naciste crece en tu interior una semilla que Él sembró en ti. El amor Divino que te irá inundando el corazón hasta que no haya espacio más que para Dios.

Te llenarás de Dios para llevarlo a los demás. Podrás abrazar al enfermo, al débil, al necesitado, al que está solo. Te acercarás mostrándoles el rostro del Padre. Una sola palabra bastará para llenar sus esperanzas: "Dios".

Sencillamente les dirás: "Dios te ama" y cambiarás sus vidas con la certeza de saberse amados. Dios quiere que seas diferente, y te atrevas a vivir el Evangelio. "¿A quién enviaré?" te preguntó hace un momento. "¿Quién irá en mi nombre?"

Muchos han respondido: *"Aquí estoy. Envíame a mí"*. Y son nuestros religiosos, sacerdotes, religiosas. También están los que decidieron seguirlo y formar un matrimonio y tener hijos. O los que descubrieron que los llamaba a un apostolado. Siempre recuerdo a esta joven que trabajaba conmigo y una mañana se presentó en mi oficina con su renuncia. "¿Por qué te vas?", le pregunté sorprendido, "¿Alguien te ha tratado mal?"

"Al contrario", respondió, "todos han sido muy amables conmigo. Me voy porque quiero vivir un ideal, gastar mi vida en algo más grande que yo misma. Voy a vivir para Dios".

Apenas podía creer sus palabras. Tenía un trabajo estable, y lo dejaba todo. Ese medio día no pude almorzar. Salí en el auto a dar vueltas, pensando en lo que acababa de ocurrir. ¿Cómo era esto posible? Una jovencita tenía el valor de abandonarlo todo por Dios. Y yo, ¿qué hacía? ¿Dónde estaba mi fe?

# ATRAPAR A DIOS

Un amigo me ha dicho en broma y en serio: "Cuando encuentre a Dios descuidado voy a atraparlo. Lo encerraré en mi corazón para que nunca me deje". Me pareció un razonamiento diferente a los que había escuchado. "Atrapar a Dios". ¿Puedes imaginarlo? Nosotros, simples mortales buscando a Dios para encerrarlo en nuestros corazones.

Lo he pensado a ratos y llegué a concluir que es posible. Sí, podemos atrapar a Dios. No hay que hacer mucho esfuerzo. Él se deja encerrar. Lo hace todos los días en los Sagrarios de las iglesias, en todo el mundo. Se humilla y se muestra tan grande a la vez. El sacerdote puede tomar la hostia consagrada y llevarla de un lado a otro. Hasta podemos comerla.

Jesús se deja de nosotros con humildad, abandono y la sencillez de un cordero.

Recuerdo hace poco que fui a comulgar. Cuando lo recibí, le dije feliz: "Te tengo. Ahora eres mío". Y Jesús, amablemente, lleno de ternura me dijo con suavidad: "Y tú eres mío".

Qué triste es la vida lejos de Dios y qué increíbles aventuras vives cuando andas en su presencia. He tratado de vivir en su presencia, pero no siempre lo he conseguido. Caigo con frecuencia, pero no me desanimo por ello. Cada vez que ocurre corro al confesionario. Sé que Jesús me espera allí, sonriente, amable, para perdonarme. A veces lo imagino sentado a mi lado, abrazándome, diciendo: "Bueno Claudio, ¿otra vez por acá?" Es un poco bromista y ríe con frecuencia.

Hace poco lo visité en la capilla de una Iglesia. Tenían un sagrario hermoso. *"¿Por qué no sales de allá y te sientas conmigo?",* le pregunté. Y sentí una dulce presencia a mi lado. Fue una experiencia hermosa. Sabía de alguna forma que era Él. Puso su mano sobre mi hombro y dijo:

*"Aquí estoy".* Y nos quedamos juntos un buen rato sin decir una palabra.

En un silencio cómplice, en el que todo sobra, menos su Amor.

***〜〜***

Mientras lees estas palabras sientes en lo más hondo de tu corazón que Dios te llama, pero no puedes discernir y esto te hace dudar. Te preguntas: ¿A qué me llama Dios? ¿Qué quiere de mí? ¿Cómo saberlo con nuestra pobre humanidad? Es un llamado muy personal y suele ser diferente para cada persona. Se parece a los dones del Espíritu Santo. Eres como un velero. Despliega sin temor las velas de tu alma y deja que Dios sople y te lleve donde ÉL QUIERA. Deja hacer a Dios lo suyo que lo hará bien. Cada uno tiene una misión. La descubrimos en el camino. Generalmente no son grandes cosas las que se nos piden. solo las que están a nuestro alcance. La mejor, en la que he pensado todo el día es esta: *ser morada de Dios, sagrario vivo.* Y de esta forma llevarlo a los demás, irradiarlo donde vaya, mostrar al mundo su amor extraordinario.

Me he propuesto pasar más tiempo en Su presencia Divina, llenarme de Dios, contemplarlo, admirarme con su belleza y majestad.

Hace algunos años me encontraba en misa con mi esposa Vida, el sacerdote nos explicaba de forma gráfica las acciones del Espíritu santo en la humanidad.

"Es como la lluvia que cae sobre la tierra. En algunos rincones hace germinar la semilla de un arbusto, en otro ayuda a que florezca una rosa, en un campo grande hace crecer la hierba…. La lluvia es una sola, pero actúa diferente en cada lugar. Así son los dones del Espíritu Santo sobre cada persona".

Para discernir, debes amar, porque Dios es amor. Es muy simple, si amas, vivirás en su presencia y podrás comprender su llamado. Y si no sabes cómo amar y cumplir los 2 primeros mandamientos de la ley de Dios, pídele un poquito de su Amor, que le sobra y se desborda y lo comparte emocionado con sus hijos.

"Si hablase la lengua de los hombres y de los ángeles y no tuviese caridad sería como un metal que resuena y un platillo que tintinea…" Sin amor de nada vale lo que hacemos "no seríamos nada". El amor es lo que nos acerca a Dios. Un apostolado sin amor pierde sentido. Ese es el ingrediente que le da "sabor" a la vida. El llamado de Dios es un misterio. Él, Todopoderoso y eterno busca a los hombres, creaturas imperfectas. Y nos pide ser un reflejo de su amor en el mundo que ha creado, por ese Amor que no puede contener.

Me parece que alguna vez te lo he contado, solía ser Director en una gran empresa. Allí laboraba una joven que hacía diseños gráficos. Era muy tranquila y amable con todos. Una mañana se presentó en mi oficina y pidió hablar conmigo.

—Quería comunicarle mi renuncia, señor Claudio.

Me tomó de sorpresa porque se le veía muy contenta en su trabajo.

— ¿Alguien te ha tratado mal? —le pregunté indignado.

—Al contrario, todos son muy buenos conmigo y me siento a gusto aquí.

— ¿Te ofrecen un mejor salario en otra empresa?

—Podría decirse, pero no es lo que piensa. Me voy por un ideal, he decidido dedicar mi vida a algo que me sobrepasa, es más grande que yo y usted: "un ideal". Deseo gastar lo que resta de mi vida sirviendo a Dios. Quiero vivir en su amor, por Él, para Él.

Apenas creía lo que estaba escuchando. Esta jovencita tenía más valor que yo. Lo dejaba todo por Dios. Me dejó conmocionado.

Recuerdo que era cerca del mediodía y cuando ella se marchó salí para almorzar. Usé mi hora de almuerzo dando vueltas en el automóvil, sin poder probar un bocado. Aquellas palabras de despedida me habían golpeado hondo.

— ¿Tú que haces para Dios, Claudio? — pensaba. Y me sentía muy mal.

Ella lo estaba dando todo, porque Dios suele pedirlo todo, y lo da todo. Y yo le daba migajas, aferrándome a las cosas temporales, el dinero, el deseo del éxito, mi tonto orgullo.

Veinte años después volví a encontrarla, fue a la salida de una misa en la Iglesia de Guadalupe en calle 50, de Panamá. Fui a saludarla, le recordé aquella mañana en que su renuncia a un futuro para seguir a Dios, trastocó mi vida.

— ¿Qué tal han sido estos años? —le pregunté — ¿Valió la pena?

—Sí, señor Claudio —respondió con una enorme sonrisa y una ilusión que se le desbordaba del alma—. Han sido los mejores años de mi vida. Si se pudiese volver a nacer, volvería a tomar la misma decisión, dejarlo todo, por quien es Todo.

Aquella mañana de alguna forma que aún no he logrado comprender, cambió el rumbo de mi vida. Me hizo entender que todos podemos dar ese paso, dejarlo todo, decirle: "Señor, aquí estoy para ti".

Sé de personas a las que sus amigos y familiares tratan de desanimar cuando toman estas decisiones radicales, porque vivir el Evangelio es una forma maravillosa de radicalidad, como perdonar y amar a todos. Les dicen que no van a lograr nada, que no sirven para estar al servicio de Dios. Cuando preguntan mi opinión suelo responder: "Escucha a Dios en tu corazón, ¿qué te dice? ¿Te ha mostrado el camino? Entonces no tengas miedo, no dudes y síguelo".

Hace poco leí unas palabras de san Agustín que vienen bien en esos momentos en que nos desaniman y nos hacen sentir poca cosa. "Cuando sientas que ya no sirves para nada, todavía puedes ser santo". Por tanto, anímate, no dejes que te tumben palabras necias a tu alrededor. Eres especial para Dios, no lo dudes. Sí, eres especial para Él.

*Amado Jesús, si las personas te conocieran mejor, no tendrían temores, ni se preocuparían por el futuro, porque eres el mejor de los amigos. Noble. Sincero. Bueno.*

*A todos nos amas, sin importar cuánto te hayamos ofendido, sin ver nuestros pecados. Ves en nosotros lo mejor. Lo que podemos llegar a ser si tan sólo confiáramos un poquito más.*

Dios no se resiste a un alma enamorada, que confía. Haz la prueba y verás lo maravilloso que es vivir en su presencia amorosa. Ten fe. Confía. Dios no te va a abandonar. Te necesita.

*"En verdad les digo: si tuvieran fe, del tamaño de un granito de mostaza, le dirían a este cerro: Quítate de ahí y ponte más allá, y el cerro obedecería. Nada sería imposible para ustedes". (Mateo 17: 20)*

Todo sería posible para ti, si tan sólo confiaras un poquito más. Lo he visto innumerables veces. He visto a Dios pasar y tocar a las personas. He visto cómo las ha transformado. He visto los milagros que Dios ha hecho en tantas personas.

Si lo amaras un poquito más comprenderías al Amor y sabrías lo que espera de ti. No tengas miedo, ovejita de Dios.

No temas. Nada malo va a ocurrir. Todo será para tu bien. Siempre será lo mejor. Con Dios lo mejor siempre está por venir.

Le pides a Dios con temor por el futuro. Le pides a Dios sin la certeza que da la fe. Y me dices: *"Yo rezo, voy a misa, le pido a Dios y nada ocurre. No logro escuchar a Dios ni descubrir mi vocación"*.

Ovejita de Dios, no basta con rezar. Hay que confiar. Amar a Dios con todo tu corazón y tu alma. Debes amar. Buscar a Dios por amor. Vivir en su presencia amorosa.

Es muy sencillo. Imagina que uno de tus hijos te busca siempre por conveniencia, a pedirte dinero. Cuando se lo das, se marcha con ingratitud. Ahora imagina que uno de tus hijos te busca siempre porque le encanta estar contigo. Disfruta de tu presencia. Te ama. Necesita tus buenos consejos. Se sienta a tu lado a escuchar tus historias, como si fuese la primera vez que las escucha, con gran interés. Y te dice cuánto le gustan. Y constantemente te abraza y te dice que te ama. ¿Qué sentiste en ambos casos? Dios es un Padre, y es amor. Y percibe a distancia el amor de sus hijos. Y le encanta cuando le demostramos que lo amamos, con nuestros actos, palabras y pensamientos.

Si te animas a dar el primer paso, te lo aseguro, Dios hará lo demás. Lo verdaderamente importante.

Cuando le permites a Dios entrar en tu vida, todo cambia. Dios te lleva en la palma de su mano y nada malo podrá ocurrirte. Es lo que se llama: "El santo abandono".

"Pero, ¿cómo puedo aprender a confiar? Me cuesta tanto".

La clave está en esta frase de la Biblia:

*"Pedid y se os dará".*

Pide y recibirás. ¡Es verdad! Y si quieres confiar, pero tienes dudas y no estás seguro de nada, anda al Sagrario y pídele a Jesús que te enseñe a confiar.

Las cosas que te cuento no las he leído. Las vivo cada día, las he visto en cientos de personas que se han decidido por Dios. Y han empezado a ver los milagros. Es algo increíble. Dios está vivo y te ama y es tu Padre. Es un Dios al que le encanta consentir a sus hijos. No imaginas cuánto disfruta cuidando tus pasos. Cuando empieces a confiar, de verdad, a confiar plenamente, la inseguridad que sientes, los temores que te inundan van a desaparecer. Dios se hará presente, como el padre del hijo pródigo que corrió al encuentro de su hijo que volvía a casa y lo abrazó y lo llenó de joyas.

No te preocupes. Todo va a estar bien. Dios te ama. Eres especial para Él.

¡CONFÍA! Todo lo que te ocurra por peor que parezca será siempre lo mejor, porque Dios lo ha permitido por tu bien.

* * *

Conocí a una persona que durante años vivió alejada de Dios. Nada le importaba. Se dedicó a los negocios. No rezaba y vivía en la incredulidad. Un día lo perdió todo y desesperó. No sabía qué hacer. Hasta que se acordó de Dios y miró al cielo. Y empezó a rezar y a leer libros de espiritualidad. Poco a poco fue recuperando su fe.

Al tiempo recuperó su negocio y sus bienes. Sólo que esta vez lo hizo bajo el amparo amoroso de Dios. Dedicó parte de sus ganancias a obras de caridad. Ayudaba a todo el que podía. Iba a Misa, participaba con fervor... y lo más importante, era feliz.

Lo hacía todo con tal entusiasmo que sorprendía a los que lo conocían por su frecuente mal carácter.

Ahora, era otra persona, estaba irreconocible. Siempre sonriendo, alegre. Dios sabe transformar nuestros duros corazones. Nosotros lo llamamos adversidad, pero es su bella pedagogía. No temas. ¡Vamos! ¡Confía! Dios camina contigo. Él va contigo. A tu lado.

Suelo escribir en la palma de mi mano estas palabras: "No tengas miedo. Yo estoy contigo". Me recuerda la presencia viva de Dios en nuestras vidas. Me ayuda a superar los obstáculos, a vivir con serenidad.

Parte de este libro lo estoy escribiendo en Costa Rica. Me han pasado cosas maravillosas en este viaje. Dios ha estado presente a cada paso, en cada momento. Iba camino a misa con mi cuñada y le digo: "Dios no abandona a sus hijos. De una forma u otra siempre nos ayuda. Nos toca confiar. Creer."

En misa el sacerdote se levanta para la homilía y empieza con estas palabras: "Dios no abandona a sus hijos. ¡Nunca! Nos toca confiar en Él". Mi cuñada se volteó a verme. Eran las mismas palabras que minutos antes le había dicho. ¡Qué bueno eres Señor!

\* \* \*

No tienes que decírmelo. A veces no encontramos consuelo, ni siquiera un minuto de tranquilidad. No duermes bien. El dolor te agobia. Es terrible vivir sin paz, tratando de comprender por qué nos ocurren estas cosas.

No pierdas la esperanza. Haz lo que puedas, el resto déjaselo a Dios, que lo hará bien. Saldrás beneficiado. Lo sé. Lo he visto cientos de veces. Somos nosotros los que ganamos, recibimos mil por uno, cuando nos decidimos por Dios. Debes que aprender a reconocer las señales que Él puso en tu camino. Están allí para ti. ¿Puedes verlas?

A veces somos ciegos a las cosas divinas. Nos aferramos a lo temporal y olvidamos lo eterno. En esos momentos no tienes consuelo y no encuentras salida. ¿No has notado que cuando llega Dios lo primero que hace es desprenderte de algo a lo que estás aferrado? La libertad de los hijos de Dios es sencilla. Dependen del padre para todo. Saben que Él los cuida y los sustenta. Es un Dios tierno. Nos quiere para sí, te creó para la eternidad. Estamos de paso por esta tierra.

¿Por qué amarrarte a un bien que no podrás llevar contigo? Tu casa, el empleo, un auto, el dinero. Aférrate a Dios y te irá bien. De Él provienen la paz y la serenidad. Enfoca tus pensamientos en Dios, que nada te distraiga y todo irá mejorando. Él siempre te dará lo mejor. No te inquietes tanto. Hagamos algo mejor. Te va a encantar. Glorifica a Dios, tu padre, que es eterno, omnipotente, todopoderoso, compasivo, misericordioso, justo, amoroso, grande, santo…

Hoy por la tarde salí de la casa, vi el cielo despejado de nubes y empecé a rezar con estas palabras de alabanza: "Eres justo, misericordioso, grande, eterno, tierno, maravilloso, fuerte, omnipotente…" y seguí así un buen rato. Casi cantando le decía que lo amaba y le agradecía por ser mi padre. Fue maravilloso. De pronto lo supe, estaba conmigo, siempre está con nosotros, pero saberlo, tener la certeza… eso es increíble. Y sentí que me abrazaba y me decía: "Hijo".

* * *

Nuestro Dios es un Dios diferente a todo cuanto podamos pensar o imaginar. Es amable y bueno, misericordioso, paciente.

"El Señor es ternura compasión, lento a la cólera y lleno de amor... Él perdona todas tus ofensas y te cura de todas tus dolencias" (salmo 145). Le gusta con nosotros ir despacio, en la medida de nuestros pasos.

Deja crecer el trigo con la cizaña para no dañar el trigo. Paciencia. Ya vendrá el día en que separará lo bueno de lo malo.

Hace poco conducía mi auto y recordé que en el Santuario Nacional del Corazón de María tenían expuesto al Santísimo. Así que me desvié del camino para pasar a saludarlo.

— Eres Dios —le decía —. Creaste todas las cosas. Pero te muestras en un pedacito de pan. ¿Por qué no podemos verte y reconocerte en toda tu majestad?

Entonces, por respuesta, vino a mi mente un pasaje de la Biblia: "Seis días después, Jesús tomó consigo a Pedro, a Santiago y a Juan y los llevó a ellos solos a un monte alto. A la vista de ellos su aspecto cambió completamente, incluso sus ropas se volvieron resplandecientes, tan blancas como nadie en el mundo sería capaz de blanquearlas. Y se les aparecieron Elías y Moisés, que conversaban con

Jesús. Pedro tomó la palabra y dijo a Jesús: ´Maestro, ¡qué bueno es que estemos aquí! Levantemos tres chozas: una para Ti, otra para Moisés, otra para Elías´. En realidad, no sabía lo que decía, porque estaban aterrados". (Marcos 9, 2-6)

*Jesús mío, ¿qué pasaría si te viésemos como realmente eres? Seguramente también quedaríamos aterrados, sin saber qué decir o hacer. Tu divinidad es demasiado para un simple mortal. Qué bueno eres, que te muestras tan sencillo y humilde, en algo que nos es familiar, a lo que no tememos; y que podemos, confiados, acercarnos a Ti.*

*"Tú eres un Dios al que le gusta esconderse..."*
(Is 45,15)

*Me ocurre a mí, que siento Tu presencia; sé que estás allí, pero me acerco tranquilo, como si estuviera en medio de mi familia.*

*Me siento cómodo cuando estoy contigo. No te veo como el Juez implacable que vendrá para juzgar a las naciones, sino como el Amigo Bueno, que se ha quedado con nosotros para darnos la salvación eterna.*

*"Haz la prueba y verás qué bueno es el Señor".*
(Salmo 33)

Si las personas supieran lo grande y maravilloso que es nuestro padre del cielo, dejarían de andar inquietas, preocupadas. Serían felices. Pasarían más tiempo en oración, disfrutarían en grande sus visitas al Santísimo. Es muy fácil conquistar a quien sólo sabe amar. Por eso Dios es tan cercano. Una de las cosas más extraordinarias que he aprendido es que *"El Evangelio se cumple"*. Todas las promesas del evangelio se cumplen. Cierta vez me encontré en la Biblia con esta promesa de Jesús: *"Dad y se os dará: os verterán una buena medida, apretada, rellena, rebosante"* (Lc 6, 38). Llevo años probando sus promesas, es algo que me encanta. Dios es fiel a Su Palabra y cumple todas sus promesas. ¡Qué bueno es Dios!

Me emociono cuando escribo estas palabras porque Él ha sido tierno conmigo. Me ha acompañado por el camino de mi vida. Nunca me dejó solo. Y cuando dudé me mostró pedacitos del cielo. Te inunda un gozo sobrenatural, una alegría que no conocías y lo único que te apetece es retirarte a un lugar solitario para estar con Dios. No quieres que se vaya. Su presencia es sobrecogedora. Y le dices como los discípulos de Emaús: *"Quédate con no-sotros porque atardece".*

Dios te ayuda a realizar tus sueños, es lo que le encanta, estar con nosotros sus hijos. He conocido personas que caminan como distraídas. Las ves musitar palabras y andan silenciosas. Pero algo las diferencia. Experimentas en su cercanía el olor a santidad. Viven en la presencia de Dios. Oran. Y no desean interrumpir esos momentos maravillosos que están en la presencia del Creador, nuestro Padre.

Conocí uno en una ferretería. Era un simple empleado, un "invisible" que nadie notaría, trabajaba en la sección de jardinería. Sencillo, cabizbajo, humilde. Me llamó la atención verlo cómo se alejaba a una esquina y musitaba unas palabras. Le pregunté a un compañero suyo:
"¿Qué hace?" Y me respondió: "Cada hora se aleja unos minutos y eleva una breve oración a la Virgen, para honrar a la Madre de Dios".

Aprendí mucho ese día. Pide. Ora. Confía. Ama. Su corazón de Padre está esperando por ti. Quiere abrazarte, consentirte, mostrarte el camino al Paraíso.

*Señor, cuánto te amo.*
*Gracias por ser mi padre.*
*Gracias por haberme creado.*

\* \* \*

Hace años leí la historia de este monje que llegó un pueblo donde querían construir una iglesia. En el lugar indicado había un monte y no sabían qué hacer. El monje les dijo: "¿Acaso nunca han oído esta promesa de Jesús: pidan y se les dará?" "Hemos pedido", respondieron, "pero nada ocurre". El monje se paró en medio de la calle, ante la mirada atónita del pueblo y le ordenó al monte: "¡Muévete!" En ese instante hubo un temblor y el monte se desplomó.

Basta la fe, del tamaño de un grano de mostaza.

Conozco cientos de casos de personas que han aprendido a confiar. Sus vidas cambiaron porque Dios se hizo presente en medio de ellos. Pidieron y Dios les concedió, más allá de lo que una vez soñaron. Son pequeños milagros que dejan de ser una casualidad. Ves en estos eventos la mano paternal de Dios.

Mi primo Gabriel tiene una casa espaciosa en las afueras de san José, Costa Rica. Era una finca y la ha convertido en un lugar estupendo. Su esposa acaba de superar un cáncer. Con las defensas bajas no podía estar entre las multitudes y añoraba ir a Misa. Se pusieron a rezar para buscar una solución. A los días les llama un sacerdote preguntando si en su casa podía celebrar la Misa dominical para los vecinos del sector. ¡Fue increíble! Ahora todos los domingos empiezan su día con la Santa Misa.

Dios está pendiente hasta de los más pequeños detalles. Me encontraba en la casa de mi hermano Frank en Costa Rica y Luis Felipe, mi hijo pequeño, me dijo: "Papá me gustaría un helado". Le dije a mi hermano para que me llevara a comprárselo. En ese segundo escuchamos las campanillas del vendedor de helados que acababa de llegar, afuera de la casa.

*¿Quieres que Dios te escuche?* Háblale con el corazón en la mano. Y sigue sus preceptos.

"Compartirás tu pan con el hambriento, los pobres sin techo entrarán a tu casa, vestirás al que veas desnudo y no volverás la espalda a tu hermano. Entonces tu luz surgirá como la aurora y tus heridas sanarán rápidamente. Tu recto obrar marchará delante de ti y la Gloria de Yahvé te seguirá por detrás. Entonces, si llamas a Yahvé, responderá. Cuando lo llames dirá: **"Aquí estoy".**

(Is 58,7-9)

***~~***

*"Aquí estoy Señor,*
*para hacer tu voluntad.*
*Haz de mí lo que quieras.*
*Guíame, enséñame*
*el Camino".*

# NUNCA ME DEJES, SEÑOR

Esta mañana me senté a rezar en la cama. Tengo tantas preguntas. He llegado a la conclusión que a veces nuestra única misión es sembrar la semilla del amor en el corazón de alguna persona. ¿Cómo hacerlo? No es tan difícil. Es como arar el campo. Abres el surco para colocar la semilla. El corazón es complicado. Se trabaja a base de amor y oración. Debes amar y rezar. Así sabrás cuando esté dispuesto. En ese momento sembrarás la semilla. El resto, le toca a Dios. Él es quien la hará germinar y convertirse en un árbol frondoso.

Después de pensarlo leí esta hermosa oración:

"Haz de mí agua para tus campos.
Luz para tus semillas.
Siervo que limpia tu establo.
Boca que repite tus palabras.
Oídos que oigan a tus hijos.
Piernas que venzan distancias.
Corazón que extienda a los corazones.
Acompáñame Señor
Y nunca me dejes".

Otras veces tu misión es más complicada. Se llama abandono. Debes confiar en la providencia y la Misericordia de Dios. Dios te llama a la confianza y el abandono en su santa voluntad que es perfecta. Por tanto, no temas.

Yo me atreví a los años, a seguir las inspiraciones que Dios sembraba en mi alma y aquí me encuentro, escribiendo para ti. Mi apostolado es la de la Palabra escrita, escribir y compartir estas vivencias y las de muchos otros que me las comparten; mi vocación, el llamado a la santidad que es una camino estrecho y difícil, al menos a mí me cuesta mucho porque no soy humilde, y vivir en familia. Tengo 4 hijos y una nieta.

Mientras escribo estas líneas me encuentro en Costa Rica, visitando a mi hermano Frank. Ayer por la tarde pasamos a conocer un monasterio franciscano en la ciudad de Cartago. Saludé a un fraile amigo que conocí en Panamá, me sonrió amablemente y preguntó: "¿Qué misión te trae por esto lados?" Le sonreí y respondí: "El viento de Dios me trajo aquí. He desplegado las velas de mi alma y espero. Sé que tengo una misión, pero ignoro cuál es".

Me he sentido un poco confundido, quería discernir, comprender y le preguntaba: "¿Qué deseas de mí, Señor?" Rezando recordé que san Francisco entablaba largos diálogos con Dios. Sus palabras eran una pregunta al Creador. El grito de la creatura que clama y desea saber. Del hombre que reconoce su pequeñez. Repetía en su interior, constantemente: "¿Quién soy yo? ¿Quién eres tú?"

Yo le pregunté igual: "¿Quién soy yo? ¿Quién eres tú?" Me senté y abrí el libro que llevo conmigo: "Imitación de Cristo". ¡Fue increíble! Estas palabras fueron la respuesta inmediata: "Hijo, yo soy el Señor que fortalece el día de la tribulación. Acude a mí cuando no te vaya bien".

Seguí leyendo la "Imitación de Cristo": "Lo que impide principalmente la llegada del consuelo celeste es que recurres un poco tarde a la oración".

Pensé en el dialogo que tuve con el fraile franciscano sobre la santidad, el donarse a Dios y esperar siempre lo mejor del Padre. Me llevó a conocer cuatro lugares importantes del monasterio. Primero fuimos donde entierran a los frailes. Un lugar santo que te recuerda lo fundamental de nuestro camino por la vida: "Polvo eres y en polvo te convertirás".

Somos simples vasijas de barro, quebradizo, endeble, frágil, que portan un alma inmortal. De lo temporal, pasamos a la eternidad. Fuimos luego a ver el oratorio donde custodian al Santísimo y rezan y renuevan sus esperanzas en Dios. En ésta hermosa capilla, el mensaje era diferente: *"El que come de este pan vivirá para siempre"*. La presencia viva de Jesús en los sagrarios es algo que siempre me ha impresionado. Un Dios omnipotente, inmortal, grande, todopoderoso, escondido en un pedacito de pan.

Nos cruzábamos con algunos frailes. Iban felices, radiantes, llenos de Dios. Verdaderamente cuando Dios se hace presente, degustamos pedacitos del cielo en la tierra.

Fuimos a la Biblioteca, un hermoso salón con mosaicos antiguos, bellísimos, repleto con libros de espiritualidad, para alimentar el alma. Decía don Bosco que nada hace tanto bien al alma como la lectura de un buen libro. Tomamos una foto. Por último, caminamos frente a su claustro. Le pregunté si podía pasar y me permitió entrar a verlo. Un cuarto sencillo, con una cama, una mesita de noche, algunos libros, una ventana que daba al patio interior, una cruz y un cuadro de la Virgen de

Guadalupe. Tenía lo fundamental para no distraerse en lo mundano y permanecer en la presencia amorosa de Dios.

Si lo piensas bien, ¿cuántas cosas necesitas para ser feliz? Mira a tu alrededor y empieza a eliminar lo que no es necesario. Al final te vas a quedar con muy poco. Y si continúas reduciendo y eliminando te vas a quedar con lo único que en verdad necesitas; a Dios. Ahora me doy cuenta que esa es nuestra misión, el anhelo más importante, eliminar de nuestras vidas lo que sobra, aquello que nos impide mirar al cielo y nos amarra a lo temporal.

Nuestra mayor misión es ser santos, agradar a Dios con todas nuestras obras y pensamientos. Santificar nuestras vidas y obtener una maravillosa eternidad en la presencia de Dios.

He aprendido que Dios puede ser Todopoderoso, eterno, magnífico, omnipotente, pero no se resiste a un alma enamorada. Ésta obtiene de Él lo que quiere. Dios, que es amor, se enternece ante nuestro amor. Por eso los santos reciben tantos milagros, dones y gracias. Son almas puras, enamoradas. Qué grande es nuestro Dios.

\* \* \*

Amado Jesús, si las personas te conocieran, no tendrían temores, ni se preocuparían por el futuro. Porque eres el mejor de los amigos. Noble. Sincero. Bueno. Nos amas, sin importar cuánto te hayamos ofendido, sin ver nuestros pecados.

Ves en nosotros lo mejor. Lo que podemos llegar a ser si tan sólo amáramos un poquito más.

\* \* \*

Hoy, temprano, le he pedido a Jesús que barriera dentro mi alma. Imaginé mi alma como una casa de madera y a Jesús yendo de cuarto en cuarto recogiendo los trapos sucios, la basura que he dejado por doquier. Entonces tuvimos este diálogo: "Señor, nunca me dejes, a pesar de lo que soy".

"Cada día me cuesta más limpiar tu alma. Pero lo hago con gusto, porque eres mi amigo, mi gran amigo. Cuando otros me han dado la espalda, tú has sabido permanecer conmigo".

"Sabes que no soy perfecto. Cometo demasiados errores".

"El alma es, como decía santa Teresa: *"un huerto que hay que cultivar"*. Ustedes deben arar, escarbar, preparar el terreno.

Yo he sembrado buena semilla en las almas y sólo espero que germinen para pasar a cosechar".

"Cada día te amo más, Señor. No permitas que deje de amarte".

"Mi Padre que es amor, los envuelve siempre en Su amor. Les da las gracias que necesitan y los inunda con su Amor, para que puedan amar. No te inquietes. Te llevo conmigo, en mis pensamientos".

\* \* \*

De pronto he pensado: "Si pudiese elegir un lugar en este momento, un sitio para estar: ¿cuál elegiría? Escogería estar contigo Jesús". Sé que no lo merezco, pero me abrigo en tu Palabra. Lo que busco, es a Ti, no deseo más. ¿Te encontraré? Pido lo que más atesoro: Tu amor. ¿Lo tendré? Llamo a tu puerta: ¿Me abrirás?

Si la mantienes cerrada te recordaré estas palabras tuyas: "No he venido a llamar a los justos, sino a los pecadores".

"Claudio: Ya me encontraste. ¿Acaso no me has visto en los Sagrarios, en los pobres, los necesitados, los que sufren? Mi amor se encuentra en todas partes, lo cubre todo, porque todo lo hago por amor.

Cuando llames a mi puerta, dime: "Soy un fruto verde, insípido, pero siempre soñé con madurar para ti". Y yo te abriré la puerta y te llamaré por tu nombre. Ahora, debes perseverar. Busca la santidad. En todos tus actos ten presencia de Dios. Y Mi Padre estará contigo.

Si la humanidad supiera cuánto les amo, olvidarían el sufrimiento, las aflicciones, el dolor y pondrían sus miradas en el cielo, donde tengo un lugar para cada uno de mis amigos".

***~~***

# TESTIMONIO

Hace unos días recibí el testimonio de la Hna. Victoria del Corazón Inmaculado de María; Religiosa de la Fraternidad de la Divina Misericordia De los Sagrados Corazones de Jesús y María. "Hermoso", es la palabra que lo describe. Vivir tan cerca de Dios, tan feliz recorriendo el camino…

## SÓLO LA DIVINA VOLUNTAD
## DA LA FELICIDAD

"Hasta hace poco pensaba que mi vocación había nacido accidentalmente, como una florecilla silvestre a la vera del camino. Así me parecía cuando meditaba sobre ello después de haber sentido el llamado a la vida religiosa.

Como San Juan evangelista, recuerdo el día y la hora de mi llamado: fue en una eucaristía y el evangelio era aquel en donde Jesús pedía a Pedro echar las redes a la derecha, luego de toda una noche de pesca infructuosa (Lc 5, 1). Al final de la homilía el padre dijo: "A mí, como a Pedro, el

Señor me invita a echar las redes en su nombre. Si alguno aquí presente siente en su corazón que Dios le llama a seguirle más de cerca, que se ponga de pie y venga aquí adelante."

Aún hoy no sé explicar bien lo que sentí: ante esas palabras mi corazón se aceleró, mi respiración se hizo agitada y los sentimientos y pensamientos se mezclaron y agolparon en mi pecho de forma inusitada. ¿Qué era aquello que sentía? ¿Cómo podía Dios llamarme a mí, con todos mis defectos, a una vida consagrada? Yo tenía 31 años, ¿acaso no entraban las muchachas jovencitas a religiosas? Yo soñaba con tener familia, ¿cómo olvidar ese anhelo tan razonable y bueno?

Pero ganó el sentimiento sobre la razón y aquel día me paré llorando y fui ante el altar para que la comunidad orara por mí.

Luego que me convencí de que no me había inventado aquella voz en mi interior que clamaba "ven y sígueme" inicié mi proceso vocacional y vine a hablar con el padre y la superiora en esta misma comunidad, donde ya colaboraba como laica comprometida y en donde sentí el llamado.

Empecé a asistir a la Eucaristía diaria y a la visita al Santísimo Sacramento, a quién le pedía constantemente luces sobre el sendero a seguir. También me atreví a contarle a mi familia, sabiendo que me contradecía a mí misma y a todos los planes y metas que a ellos les había compartido. Ni siquiera pude culparles por no entenderme, ya que ni yo misma podía explicar lo que en mí pasaba. Era mi sentir como el del profeta Jeremías: "Había en mi corazón algo así como un fuego ardiente, prendido a mis huesos, y aunque yo trabajaba por ahogarlo, no podía". (Jr.20,9)

Aunque el llamado era fuerte y específico a servir en esta Fraternidad, tuve muchas y muy razonables dudas al principio.

Aquí el apostolado es el de niños abandonados y maltratados, y yo, que nunca fui ni hábil ni paciente con más de un niño a la vez, tuve que preguntar al Señor, igual que María: "¿cómo será esto?" (Lc 1, 34). Más, si humanamente me sabía incapaz de ser una buena madre para tantos niños con tantos problemas, en mi corazón resonaban fuertes las palabras de aquel evangelio de mi llamado: "pero por tu palabra Señor, echaré las redes". (Lc 5, 5)

Han pasado ya casi seis años desde que decidí decir al Señor "hágase en mí" (Lc 1, 38). En el camino, y desde el principio, han habido toda suerte de obstáculos y tentaciones, como la oferta para el trabajo que había estado esperando por 10 años, a sólo un mes de iniciar la experiencia (oferta a la cual pude decir que no con un nudo en la garganta pero con mucha paz en el corazón); la oposición inicial de mi familia que, como José y María, no podían entender que me separase de su lado para encargarme de los asuntos del Padre (Lc 2, 49); la enfermedad y muerte de mi papá y de mi hermana mayor al comienzo de mi caminar. Sí, fueron muchos los vientos que azotaron mi barca y probaron mi fe en la Palabra del Señor y en mi llamado. Pero de esas pruebas he salido fortalecida y nunca me he arrepentido de dejar todo para seguir al Señor, de hacer Su Voluntad y no la mía.

A lo largo de este tiempo, la Palabra de Dios y la presencia constante de la Virgen María a mi lado han sido el apoyo que me ha sostenido y sacado adelante en cada situación. Y Jesús, que a veces parece dormir en la barca — si bien sé que su corazón sigue velando por mí — es siempre un amable, fino y considerado esposo, que se hace sentir en los detalles.

Para confirmarme el Señor que Su voluntad en mi vida era esta, el día de mi llegada al nuevo hogar, la Ciudadela de Jesús y María, me dio un hermoso detalle, cuyo grato perfume se extiende a mi vida quizás con más fuerza cada día que pasa. Yo estaba feliz de entregar mi vida a Dios, pero triste de dejar a mi padre y mi hermana enfermos y de no poder cumplir mi promesa de acompañar a mis papás en su vejez. Llegué en la mañana y lloré todo el día.

Al llegar la hora de las Vísperas de aquel día lunes, recitábamos el salmo 45, y estas palabras golpearon mis sentidos: "Escucha, hija, mira, inclina el oído, olvida tu pueblo y la casa de tu Padre, prendido está el rey de tu belleza. Él es tu señor, ¡póstrate ante él...! En lugar de tus padres tendrás hijos, y los harás príncipes sobre toda la tierra". (Sal 45, 11-12)

Estas palabras, recitadas en comunidad, tuvieron tal efecto en mí, como si el propio arcángel Gabriel me las hubiera susurrado al oído.

Miré a mi alrededor con asombro: tan fuerte y directa fue para mí esta manifestación de Dios, que pensé que todos los presentes sabrían que la Palabra de Dios me había sido dirigida aquella tarde.

Si bien nadie pareció percatarse de mi estupefacción, no he dudado nunca de la veracidad de esta experiencia.

Recibí mi anunciación con gozo y ya nunca he vuelto a tener dudas por haber dejado la casa de mi padre y venir a desposarme con el rey, y ahora sé que mi vocación no fue un accidente, sino un designio amoroso e inmerecido de parte del Padre Eterno.

A lo largo de estos años me he dado cuenta también que los hijos que me daría el Señor a cambio de mis padres son éstos niños maltratados que ahora cuido, así como todos los necesitados que Dios ponga en mi camino para hacerlos príncipes, es decir, ayudarles a superar sus limitaciones y traumas y tener un futuro mejor. Sé que aún no se ha manifestado lo que será (1Jn 3, 2), que falta mucho por caminar, pero, ¿cómo no ver que la voluntad de Dios en mi vida ha sido fecunda?

¿Cómo no reconocer que a cada paso puedo amar más esa divina Voluntad? Doy gracias a Jesús, nuestro Señor, ya que, como dice San Pablo, por él he obtenido "la gracia del apostolado" (Rm 1, 5).

Día a día me da la oportunidad de amar y cumplir la Voluntad de Dios, mi Padre, y de reconocer, sin lugar a dudas, que sólo su cumplimiento puede darme la felicidad en esta vida y en la otra… la verdadera".

*Señor, enséñame a confiar en ti. Dame la gracia de saberte cercano, presente en mis hermanos.*

***~~***

**Amado Dios,**
sabes que soy débil.
Te pido me des la fortaleza
para hacer siempre,
 en todo momento,
tu santa voluntad.

**Envíame a mí,**
para llevar tu
Palabra,
la esperanza,
la Buena Nueva,
a las almas
más necesitadas
de consuelo.

Amén.

# ¿QUÉ RESPONDERÁS?

Dios es muy creativo y tiene formas impresionantes de llamarnos. ¿No sientes una inquietud dentro de ti? Como que algo te falta. No estás de casualidad experimentando su llamado.

Dios llama y pocos escuchan. Su llamado es para todos. **Pero hoy, te ha llamado a ti**. ¿Lo escucharás? Dios te ha llamado al amor, para que perdones y lleves Su palabra.

No permitas que te quiten esa ilusión, la de la vez primera, cuando lo sentiste en tu interior con una fuerza impresionante y el mundo fue diferente. Lo viste nuevo, hermoso, increíblemente bello. Y todo te recordaba a Dios. Cuando te llenaste de "algo" que no comprendiste. Como un súbito sentimiento de gozo, que te movía al amor. Un fuego que te quemaba por dentro y brotaba en tu interior la necesidad de estar a solas con Dios. Cuando fuiste feliz a contracorriente. Cuando te atreviste a denunciar y anunciar. Cuando la caridad surgió como un manantial dentro de ti. Cuando te fue fácil orar, porque estabas en Su presencia.

Hoy Dios te ha llamado.

*¿Qué le responderás?*

# TEN FE

Hay algo importante que debes saber: Una de las armas predilectas del demonio es *quitarnos la paz*. Sabe que el temor nos paraliza. Sabe bien que, si vivimos angustiados, dejaremos de trabajar por el Reino. El desánimo es su arma favorita.

Las personas que viven así, pasan sus días amargamente y se preguntan:
— *¿Por qué a mí?*

No se dan tiempo para la oración, pierden la confianza y la vida espiritual. La vida, es un don de Dios y hay que usarla para hacer el bien y dar frutos en abundancia. Si no cambiamos, se nos juzgará al final de los tiempos por nuestra poca fe, por ser demasiado egoístas, por nuestro *poco amor*.

Todo se nos ha dicho, pero hacemos poco caso. El demonio se esmera en hacernos caer*, sin piedad*. Desesperado, va en pos de tu alma. Olvidamos el poder de la fe y la confianza en el Padre Celestial, por eso nos hundimos en la desesperación.

"Jesús Respondió: "Tengan fe en Dios. Yo les aseguro que el que diga a ese cerro: ¡levántate de allí y arrójate al mar!, si no duda en su corazón y cree que sucederá como dice, se le concederá. Por eso les digo: todo lo que pidan en la oración, crean que ya lo han recibido y lo obtendrán". (Marcos 11 22-24)

Las personas que aman pasan sus días en paz, con un gozo interior, sumergidas en el Amor eterno, dispuestas para servir a los demás, y llevar este tesoro inmenso a los más necesitados.

Se les reconoce por sus frutos y "el fruto del Espíritu es el amor, alegría, *paz*, paciencia, afabilidad, bondad, fidelidad, mansedumbre, dominio de sí..." (Gálatas 5, 22-23)

Una buena forma de superar los temores es *dejar de pensar en nosotros mismos*. Empezar a pensar en los demás.

En una ocasión le pregunté a una persona comprometida en la Iglesia:
— ¿Cómo sabes cuando algo viene de Dios?
— Porque te da paz.

Sí, querido lector, **para encontrar la Paz, debes encontrar a Dios.**

Hemos recorrido juntos las páginas de este libro, buscando la Paz y el Amor de Dios. Juntos hemos encontrado el camino hacia la Paz, y juntos nos esforzaremos por llevar una vida más santa, sacramental, procurando en todo agradar a Dios. Como decía san Félix: *"O santo, o nada"*.

Dedicaremos más tiempo a la oración, para agradecer al Padre los dones con que a diario nos bendice, para pedir sus favores, y ayudar a construir un mundo mejor. Iniciemos ahora nuestro camino, sin egoísmos, con el alma pura, como discípulos de Jesús, con un nuevo propósito en la vida, con entusiasmo, con la alegría, con un gran gozo en el corazón. ¡Vamos!, ¡qué esperas! Tu hermano te necesita. Hay mucho por hacer. **Todo un mundo por evangelizar.**

*"Vayan por todo el mundo y **anuncien** la Buena Nueva..."*
(Marcos 16, 15)

# EL AUTOR

CLAUDIO DE CASTRO (1957 -  )  Es un conocido autor católico de Panamá con más de 100 libros de crecimiento espiritual publicados, sobre nuestra fe, la esperanza, el amor de Dios, el sagrario.... Puedes verlos, encontrarlos y adquirirlos. **Están disponibles en el portal de Amazon.**

Sus obras han tocado muchas vidas y ayudado a miles de lectores alrededor del mundo. Algunos de sus libros están en la categoría de los más vendidos impresos y digitales, en Amazon, llegando a miles de lectores en el mundo.

Te recomendamos leer:

1. **El Sagrario** (más vendido)

2. Nunca te Rindas

3. El Gran Secreto para obtener lo que le pedimos a Dios.

4. El Camino del Perdón

5. El Mundo Invisible (**Best Seller**)

*Una mañana, ante el sagrario,*
*sentí que Jesús me decía:*

**"Escribe, deben saber que los amo".**

*Abandoné todas mis actividades y me*
*senté a escribir. Hoy mis libros se*
*encuentran en 15 países,*
*traducidos a 4 idiomas.*

*A ti, ¿qué te pide?*
*¿Cuál es tu desafío?*
*¿Qué responderás?*

# CONTACTE AL AUTOR

Hola. *Soy Claudio.* Como un autor católico disfruto mucho cuando los lectores me escriben y me cuentan sus aventuras con Dios. Y cómo Él ha transformado y renovado sus vidas.

*¡Y esto es una maravilla!*

Puedes escribirme si lo deseas.

Éste es mi correo electrónico:

**cv2decastro@hotmail.com**

Te invito a visitar mi página de autor

**www.claudiodecastro.com**

# ¡DIOS TE BENDIGA!

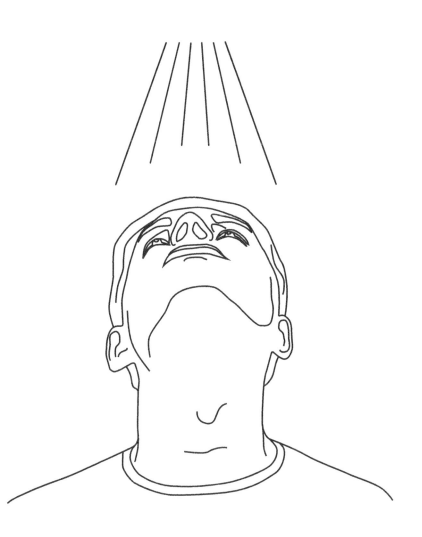

Made in United States
North Haven, CT
27 December 2023

46686812R10111